Kathrin Wolff · Dierk Heerwagen

Entdeckungen entlang der Havel

Ein Reise- und Erlebnisführer

hendrik Bäßler verlag · berlin

Bildnachweis: Ulf Böttcher, Ketzin: S. 31, 37, 39, 42, 46, 49, 51, 58, 62, 70, 73, 85, 97, 101, 107, 114, 127, 133, 140, 145; Birgit Ragotzky: S. 90; Bärbel Weise (über Fremdenverkehrsamt Zehdenick): S. 27, 34, 159; Friedrich Wolff, Berlin: S. 8, 11, 19, 25, 78, 87, 123; Henrik Pohl, Berlin: S. 119, 150, 157;
Umschlagfoto: An der Havel in Potsdam, Ulf Böttcher, Ketzin
Innentitel: Blick nach Werder, Ulf Böttcher, Ketzin

Autoren und Verlag haben sich bemüht, auch in dieser schnellebigen Zeit dem Leser die neuesten Informationen zu vermitteln. Sollte die ein oder andere Angabe im Buch jedoch nicht dem neuesten Stand entsprechen, so bitten wir dies zu entschuldigen. Für Berichtigungshinweise ist der Verlag jederzeit dankbar.

Strausberger Platz 12 · D-10243 Berlin
Tel./Fax.: (030) 27 92 653
1. Auflage 1994
Karten: Sylvia Dornbusch, Berlin
Satz und Umschlaggestaltung: Hendrik Bäßler, Berlin
Gesamtherstellung: Oktoberdruck GmbH, Berlin
ISBN 3-930388-00-6

Inhalt

»Die prächtige Havel,...

...mit jener Fülle von Seen, die sie, namentlich um Potsdam herum aufreiht, ist auf weite Strecken hin, wie ein Spiegel unsrer königlichen Schlösser, deren Schönheit sie verdoppelt.

Aber nicht überall zeigt sie diese breite Pracht. Schlicht, schmal, ein Wässerchen nur, tritt sie aus dem Mecklenburgischen in die Mark, um dann, auf ihrem ganzen Oberlaufe, ein Flüßchen zu bleiben, das nicht Inseln leicht und frei wie schwimmende Blätter trägt, sondern sich teilen muß, um hier und dort ein Stückchen Land mit dünnem Arm zu umspannen.« ... »Die Havel, um es noch einmal zu sagen, ist ein aparter Fluß; man könnte ihn seiner Form nach den norddeutschen oder den Flachlands-Neckar nennen. ... Das Blau ihres Wassers und ihre zahllosen Buchten (sie ist tatsächlich eine Aneinanderreihung von Seen) machen sie in ihrer Art zu einem Unikum. Das Stückchen Erde, das sie umspannt, eben unser Havelland, ist, ..., die Stätte ältester Kultur in diesen Landen.«
(Theodor Fontane)

Fontane war es, der bereits vor mehr als 100 Jahren den Begriff des Havellandes prägte, er war es, der die Havel so treffend charakterisierte, ihren Mythos prägte. Erst seine einfühlsamen Beschreibungen zu Land und Leuten öffneten den Blick für die bis dahin unspektakuläre Havellandschaft.

Ja, die Havel ist ein »Unikum«, eine in weiten Teilen fließende Seenkette. Bereits kurz hinter ihrem Quellgebiet, im Diekenbruch etwa 2 km südwestlich von Ankershagen, reiht die junge Havel See an See – Middelsee, Dambecker See, Röthsee, Käbelicksee, Granziner See ..., um nur einige zu nennen. Ebenso eigentümlich ist ihr Flußlauf. Vom Norden kommend, durchströmt sie im Zickzack die Neustrelitzer Kleinseenplatte und beschreibt auf Brandenburger Gebiet einen Halbbogen, indem sie zuerst in südlicher Richtung bis zum Schwielowsee, dann in westlicher bis zum Plauer See fließt. Im letzten Drittel führt ihr Lauf wieder nach Norden, bevor sie in Sachsen Anhalt bei Quitzöbel in die Elbe mündet.

Mehr als zehntausend Jahre mag es her sein, als sich die Havel ihren Weg in den ehemaligen Schmelzwasserabflußbahnen der abtauenden Gletscher bahnte. Die Eiszeit formte die flachwellige, manchmal hügelige Landschaft links und rechts des Flusses, die sich nur wenige Meter über der Havelniederung erhebt. So war auch das Gefälle nicht groß, oft nur ca. 12 cm/km. Es entstanden die zahlreichen seenartigen Erweiterungen, die verwirrende Vielfalt von Buchten sowie Haupt-, Neben- und Altarmen. Viele Kanäle zweigen vom Fluß ab, tragen das Havelwasser »in Ecken«, wo man es kaum vermutet. Weite Flächen werden von Luchgebieten *(Luch = feuchte Niederung)* eingenommen, wo Flachmoore der Landschaft ein besonderes Gepräge geben. An Versuchen, diese wasserdurchtränkten Gebiete zu kultivieren, mangelte es nicht. Aber es gelang nicht überall. Und so gibt es entlang der Havel noch heute urwüchsige Naturparadiese, Lebensraum für selten gewordene Tiere und Pflanzen. Sind es hier Sümpfe und Feuchtgebiete, erstrecken sich anderswo Weiden und Felder bis zum Horizont, wechseln sich diese mit Kiefernforsten und herrlichen Mischwäldern ab.

Doch die Havel, das ist nicht nur Naturidylle, das ist brandenburgisch-preußische Geschichte – ein »deutscher Kulturstrom«. Am »Havelwasser« entstanden die ersten brandenburgischen Bistümer – Brandenburg und Havelberg, in der schönsten Havelstadt, in Potsdam, ließ sich der größte preußische Monarch, Friedrich II., seine Residenz erbauen.

Der Name der Havel selbst ist slawischen oder germanischen Ursprungs. Den germanischen Semnonen, die im havelländischen Raum etwa seit dem 1. Jahrhundert v. Chr. bis zum 6. Jahrhundert n. Chr. siedelten, folgten die Heveller, jene Elb- und Ostseeslawen, die erstmals um 850 erwähnt wurden. Nach den Askaniern, Wittelsbachern und Luxemburgern traten die Hohenzollern ihre Jahrhunderte währende Herrschaft an, hinterließen in der gesamten Mark Brandenburg deutliche Spuren. Siedler aus allen Teilen Deutschlands, aus Frankreich, der Schweiz, Böhmen, Holland und anderen Regionen kamen, vermischten sich mit den Märkern, brachten hier »fremde« Gewerbe zum Blühen. Malern, Baumeistern, Handwerkern und Landesherren verdanken wir unverwechselbare Zeugen der bewegten Geschichte.

Dazu zählen einerseits architektonische Meisterleistungen von Weltrang wie die Potsdamer Schlösser, und andererseits sind es ehemalige Gutshöfe, alte Herrensitze, schlichte Feldsteinkirchen in abgelegenen Dörfern, kleine Städte mit historischen Marktplätzen. Vielfach konnte sich, gerade an der Havel, Vergangenes bewahren, manches wurde aber auch von Neuzeit, Moderne überprägt. Die Havel besitzt vielfältige Gesichter. Jeder Abschnitt hat seine Besonderheit, seine charakteristischen Züge, die es zu entdecken gilt. Während Fontane vor allem der Havel zwischen Berlin, Potsdam und Brandenburg besondere Aufmerksamkeit schenkte, wollen wir dem märkischen »Strom« von der Quelle im Mecklenburgischen bis zur Mündung im Anhaltinischen folgen, seinen Seitenarmen und Kanälen nachgehen. Viel Eigentümliches, Bekanntes und Unbekanntes wird uns in dieser »aparten« Flußlandschaft begegnen.

Beschreibungen von Landschaft und Reisezielen weisen den Weg, und unterhaltsame Geschichten lassen auch manch unscheinbares Detail interessant erscheinen. Es kommen Geschichtsinteressierte ebenso auf ihre Kosten wie Naturfreunde und Freizeitaktivisten. Dabei spielt es keine Rolle, ob die Entdeckungsreise mit dem Auto, der Bahn, zu Fuß, per Rad oder sogar mit dem Boot erfolgen soll. Besondere Tips für Freizeitspaß, Übernachtung und das leibliche Wohl helfen bei der Planung der Ausflüge, unterwegs und am Ziel.

Beginnen wir also unsere Entdeckungsreise entlang der Havel!

Vom nördlichen Ende des Diekenbruchs kann man entlang eines 9,5 km langen Wanderweges, der als Havelquellweg ausgewiesen und mit gelben Schmetterlingszeichen markiert ist, die »Kinderstube« der Havel erkunden.

Südlich des Diekenbruchs und des Middelsees wird das noch recht unscheinbare Flüßchen sicherheitshalber durch ein Schild kenntlich gemacht – erst viel später entwächst der hier noch urwüchsige, junge Wasserlauf seinen »Kinderschuhen«. Zunächst führt uns unser Weg durch einen Forst, bis ein Stallgebäude in Sicht kommt und die nächstgelegene Ortschaft, das Dorf Ankershagen, ankündigt.

Ankershagen Im Dorf angelangt, begegnen wir zuerst dem *Herrenhaus* von Ankershagen (heute Schule), einem um 1550 auf Resten einer alten Wasserburg errichteten Renaissancebau. Einst soll hier der berühmt-berüchtigte Henning von Holstein, bekannt als Raubritter Henning »Bradenkirl«, gehaust haben, der durch Raubzüge weit und breit gefürchtet war. Die Terrakottaplatte an der Südseite des Gebäudes zeigt das Bildnis eines finsteren bärtigen Mannes mit Barett, von dem gesagt wird, daß es sich um jenen Raubritter handeln soll.

Inwieweit dies der Wahrheit entspricht, vermag wohl heute keiner mehr zu sagen. Sicher ist dagegen, daß von 1769 bis 1772 der spätere Dichter und Homerübersetzer J. H. Voß in diesem Herrenhaus lebte. Als Hauslehrer unterrichtete er die Söhne des Junkers H. S. von Oertzen. Die bitteren Erfahrungen, die er in jenen Jahren in dieser »Raubburg« gewann, sollten später zu einer wichtigen Grundlage für seine sozialkritischen Dichtungen werden. Die Überreste der alten Burgwehranlagen sind im heute an das Herrenhaus angrenzenden Park zu finden.

Neben den altgriechischen Schriften Homers wie »Ilias« und »Odyssee« übersetzte Voß auch die berühmteste Sammlung orientalischer Märchen und Erzählungen – »Tausend und eine Nacht«. Eigene Werke sind: »Die Leibeigenen« und »Luise«.

Auf den ersten Blick scheint das ehemalige Tagelöhnerdorf Ankershagen nur eines von vielen kleinen Dörfern zu sein, die für Mecklenburg so typisch sind. Ihre Sehenswürdigkeiten haben sich meist schon mit der Dorfkirche erschöpft. Hier und da blieben noch Reste ehemaliger Gutsanlagen, u. a. mit eher schlichten Herrenhäusern, erhalten. Diese befinden sich allerdings oft noch in einem baulich recht schlechtem Zustand und sind so als sonderheit, seine charakteristischen Züge, die es zu entdecken gilt. Während Fontane vor allem der Havel zwischen Berlin, Potsdam und Brandenburg besondere Aufmerksamkeit schenkte, wollen wir dem märkischen »Strom« von der Quelle im Mecklenburgischen bis zur Mündung im Anhaltinischen folgen, seinen Seitenarmen und Kanälen nachgehen. Viel Eigentümliches, Bekanntes und Unbekanntes wird uns in dieser »aparten« Flußlandschaft begegnen.

Beschreibungen von Landschaft und Reisezielen weisen den Weg, und unterhaltsame Geschichten lassen auch manch unscheinbares Detail interessant erscheinen. Es kommen Geschichtsinteressierte ebenso auf ihre Kosten wie Naturfreunde und Freizeitaktivisten. Dabei spielt es keine Rolle, ob die Entdeckungsreise mit dem Auto, der Bahn, zu Fuß, per Rad oder sogar mit dem Boot erfolgen soll. Besondere Tips für Freizeitspaß, Übernachtung und das leibliche Wohl helfen bei der Planung der Ausflüge, unterwegs und am Ziel.

Beginnen wir also unsere Entdeckungsreise entlang der Havel!

An der Wiege der Havel

Diekenbruch (Havelquellgebiet) · Ankershagen · Havelgebiet im Müritz-Nationalpark · Useriner See · Neustrelitz · Wesenberg

Anreise:
mit dem Auto *von Berlin über die B 96 bis Neustrelitz, in Richtung Havelquelle, ab Neustrelitz weiter über die B 192 bis kurz vor Penzlin, ab hier Landstraße nach Ankershagen*
mit der Bahn *bis Neustrelitz, Kratzeburg oder Wesenberg; direkt am Neustrelitzer Bahnhof befindet sich ein Busbahnhof mit Fahrverbindungen zu den einzelnen Reisezielen*

Die »junge Havel« unterhalb des Diekenbruchs und Middelsees

Die Havel, die einen ganzen Landstrich in unverwechselbarer Weise prägt, entspringt im Mecklenburgischen – inmitten der Neustrelitzer Kleinseenplatte hat sie ihre Quelle. Wälder, Hügel, Talrinnen mit kleinen und großen Seen, dazwischen Heidelandschaften und feuchte Wiesengebiete, sind typisch für dieses Neustrelitzer Seengebiet und verleihen ihm landschaftliche Anmut. In jenem Naturparadies nehmen viele Flußläufe ihren Anfang, beginnen ihren lange Reise zur Ost- oder Nordsee. Allerdings ist einigen von ihnen auch das Schicksal beschieden, ihren Weg in einem abflußlosen See beenden zu müssen – nicht so bei der Havel.

Die Herkunft des Namens »Havel« ist nicht eindeutig geklärt. Er könnte sowohl vom slawischen »Habr«, übertragen Hain- oder Hagebuche, abgeleitet sein, als auch vom altnordischen »Haf« stammen, das auf schon vorhandene Flußstauungen hinweisen würde.

Havelquellgebiet Im Diekenbruch, 2 km südwestlich von Ankershagen, sammelt sich nahezu unsichtbar unter einer dicken Gras- und Krautschicht das jungfräuliche Havelwasser. Es tritt hier bereits in Meliorationsgräben der Feuchtwiesen und im Erlen-Birken-Bruchwäldchen zum Vorschein. Ein Schild mit der Aufschrift *»Havelquelle«* kennzeichnete einen Graben unmittelbar neben dem Weg, der den *Diekenbruch* vom nur wenige Meter nördlich gelegenen Mühlensee trennt. In heutigen Tagen nimmt letztgenannter See Wasser aus dem *Bornsee* auf, der noch bis zum Ende des 18. Jahrhunderts die eigentliche Havelquelle war. Dann versperrte jedoch ein Damm den Wasserzulauf vom Bornsee zum Diekenbruch und verlegte diesen zum Mühlensee. So kommt nun der südlich des Diekenbruchs gelegene *Middelsee* zu der Ehre, Quelle der Havel zu sein. Und noch ein Kuriosum hält das Havelquellgebiet bereit. Das Wasser des Bornsees, der historischen Havelquelle, verläßt über den Trinnen- und Mühlensee das Quellgebiet in Richtung Ostsee. Dagegen gelangt das aus dem Diekenbruch stammende Havelwasser als Teil der Elbe in die Nordsee. Diekenbruch und Mühlensee gehören also verschiedenen Einzugsgebieten an, und der Waldweg, der beide voneinander trennt, ist die Wasserscheide zwischen beiden Meeren.

Im Jahre 789 zur Zeit des Wendenkreuzzuges von Karl dem Großen wird die Havel als Fluß »Habola« erstmals urkundlich erwähnt.

Vom Middelsee führt der Lauf der Havel zunächst durch 27 Seen der Neustrelitzer Kleinseenplatte.

Vom nördlichen Ende des Diekenbruchs kann man entlang eines 9,5 km langen Wanderweges, der als Havelquellweg ausgewiesen und mit gelben Schmetterlingszeichen markiert ist, die »Kinderstube« der Havel erkunden.

Südlich des Diekenbruchs und des Middelsees wird das noch recht unscheinbare Flüßchen sicherheitshalber durch ein Schild kenntlich gemacht – erst viel später entwächst der hier noch urwüchsige, junge Wasserlauf seinen »Kinderschuhen«. Zunächst führt uns unser Weg durch einen Forst, bis ein Stallgebäude in Sicht kommt und die nächstgelegene Ortschaft, das Dorf Ankershagen, ankündigt.

Ankershagen Im Dorf angelangt, begegnen wir zuerst dem *Herrenhaus* von Ankershagen (heute Schule), einem um 1550 auf Resten einer alten Wasserburg errichteten Renaissancebau. Einst soll hier der berühmt-berüchtigte Henning von Holstein, bekannt als Raubritter Henning »Bradenkirl«, gehaust haben, der durch Raubzüge weit und breit gefürchtet war. Die Terrakottaplatte an der Südseite des Gebäudes zeigt das Bildnis eines finsteren bärtigen Mannes mit Barett, von dem gesagt wird, daß es sich um jenen Raubritter handeln soll.

Inwieweit dies der Wahrheit entspricht, vermag wohl heute keiner mehr zu sagen. Sicher ist dagegen, daß von 1769 bis 1772 der spätere Dichter und Homerübersetzer J. H. Voß in diesem Herrenhaus lebte. Als Hauslehrer unterrichtete er die Söhne des Junkers H. S. von Oertzen. Die bitteren Erfahrungen, die er in jenen Jahren in dieser »Raubburg« gewann, sollten später zu einer wichtigen Grundlage für seine sozialkritischen Dichtungen werden. Die Überreste der alten Burgwehranlagen sind im heute an das Herrenhaus angrenzenden Park zu finden.

Neben den altgriechischen Schriften Homers wie »Ilias« und »Odyssee« übersetzte Voß auch die berühmteste Sammlung orientalischer Märchen und Erzählungen – »Tausend und eine Nacht«. Eigene Werke sind: »Die Leibeigenen« und »Luise«.

Auf den ersten Blick scheint das ehemalige Tagelöhnerdorf Ankershagen nur eines von vielen kleinen Dörfern zu sein, die für Mecklenburg so typisch sind. Ihre Sehenswürdigkeiten haben sich meist schon mit der Dorfkirche erschöpft. Hier und da blieben noch Reste ehemaliger Gutsanlagen, u. a. mit eher schlichten Herrenhäusern, erhalten. Diese befinden sich allerdings oft noch in einem baulich recht schlechtem Zustand und sind so als

Im Schliemann-Museum von Ankershagen

»Kulturzeugen« nur schwer zu erkennen. Der größte Reichtum der Dörfer besteht zweifellos in ihrer meist wunderschönen Umgebung, die in mecklenburgischen Landen nicht selten sehr seen- und waldreich ist. Hier findet man noch Weite und unberührte Natur.

Von Ankershagen lohnt ein Abstecher in das ca. 8 km nordöstlich gelegene Penzlin. Hier kann man in den Gebäuderesten der einstigen Burg noch den »Hexenkeller« besichtigen, der heute Teil der J. H. Voß-Gedenkstätte ist. Voß verbrachte in Penzlin seine Jugend.

Auch Ankershagen, das sich am nordöstlichen Eingang zum Müritz-Nationalpark befindet, ist eingebettet in eine anmutige Endmoränenlandschaft mit ausgedehnten Kiefern- und Mischwäldern und mehreren Seen wie dem *Born,- Trinnen-* und *Mühlensee*. Doch ergibt sich sein besondere Reiz nicht nur durch die schöne Umgebung, sondern vielmehr durch die vielen Spuren und Bezugspunkte, die das kleine Dorf mit dem weltbekannten Archäologen, Altertumsforscher und Trojaausgräber Heinrich Schliemann (1822–1890) verbinden. Anderthalb Jahre nachdem er am 6. Januar 1822 in Neubukow das Licht der Welt erblickte, verzog seine Familie nach Ankershagen, wo Schliemanns Vater die Pastorenstelle übernahm. Bereits während seiner frühen Kinderjahre weck-

»Hacke und Schaufel für die Ausgrabung Trojas ... wurden schon in dem kleinen deutschen Dorf geschmiedet, in dem ich acht Jahre meiner ersten Jugend verbrachte.«
H. Schliemann

ten die Sagen dieser Gegend, bronzezeitliche Hügelgräber und Legenden von versunkenen Städten sein Interesse. So soll er schon als Achtjähriger den Wunsch geäußert haben, einmal Troja auszugraben. Nach dem frühen Tod seiner Mutter im Jahre 1831, verließ der junge Schliemann Ankershagen und besuchte in Neustrelitz die Realschule. Das *Elternhaus* von *Schliemann* und gleichzeitig *ehemaliges Pfarrhaus*, ein Fachwerkbau aus der zweiten Hälfte des 18. Jahrhunderts, blieb original erhalten. Auch die Reste des dazugehörigen einstigen Pfarrgrundstücks (u. a. Teil des Stallgebäudes, Garten mit dem »Silberschälchen«) stehen unter Denkmalschutz. Kirche, Pfarrhaus und -grundstück bilden ein anmutiges Ensemble und sind ohne Frage ein besonderes dörfliches Kleinod.

Im Pfarrhaus ist heute das *Schliemann-Museum* untergebracht, das an den ungewöhnlich populären Gelehrten und die ihn prägenden Jahre seiner Kindheit erinnert. Das erst 1980 gegründete Museum bringt den Besuchern mit zahlreichen Fotos, Dokumenten und Sachzeugen den Lebensweg von Schliemann nahe. Die Erinnerungsstätte informiert über seine Familie, über Schliemanns Reisen, die Zeit in St. Petersburg u. v. a. m. Sie zeigt ihn als erfolgreichen Kaufmann und Wissenschaftler. Zu den Hauptattraktionen des Museums zählen die Originalfundstücke aus Troja – Keramikgefäße und Bronzefunde – und die Nachbildungen des Kleinen Diadems aus dem »Schatz des Priamos«. Außerdem informiert die Austellung über weniger bekannte Ausgrabungen Schliemanns in Tiryns, Orchomenos und Mykene.

Besonders interessant ist ein Modell des Troja-Hügels Hissarlik, an dem die Schichtenfolge der Grabungen erkennbar wird.

Hier, im Museum, ist auch der Schlüssel für die kleine *Feldsteinkirche* erhältlich, die sich direkt gegenüber dem Pfarrgrundstück befindet. Sie wurde im 13. Jahrhundert errichtet und zählt zu den ältesten Kirchen ihrer Art in Mecklenburg. Im Kircheninnern sind heute wertvolle mittelalterliche Wandmalereien zu bewundern, die bei Restaurierungsarbeiten freigelegt werden konnten.

Für Wanderfreunde lohnt ein Blick auf die Informationstafel vor dem Museum, die reiz-

Aber nicht nur das Quellgebiet ist eine Reise wert. Auch der übrige im Mecklenburgischen liegende Streckenverlauf der Havel besitzt viel Ursprüngliches und beindruckt durch eine vielfältige Tier- und Pflanzenwelt, wie sie heute nur noch an wenigen Orten existiert.

volle Wandermöglichkeiten (u. a. Zum Bornsee 10 km, Mühlensee-Weg 5,5 km, Tannensee-Schleife 2 km) im Havelquellgebiet empfiehlt.

Müritz-Nationalpark Ein Naturschutzgebiet ersten Ranges ist der Müritz-Nationalpark. Es erstreckt sich um den größten Binnensee Mecklenburgs, die Müritz, und bezieht die Havelflußlandschaft von der Quelle bis zum Westuferbereich des Großen Labussees ein. Der *Zootzen-* und *Jäthensee*, der nordöstliche Bereich des *Useriner Sees* sowie der südöstliche Bereich des *Mühlensees*, gleichfalls der *Trinnensee* im Havelquellgebiet sind dabei als Schutzzone 1 ausgewiesen. In diesen »Kernbereichen« wurde das menschliche Wirtschaften zugunsten der Natürlichkeit der Landschaft völlig aufgegeben. Die übrigen Gebiete der im Müritz-Nationalpark gelegenen Havelflußlandschaft gehören zu den sogenannten »Entwicklungsbereichen« (Schutzzone 3). Hier sollen durch Menschenhand verursachte Naturschädigungen langfristig behoben werden, z. B. durch Sanierung von Seen und Umwandlung eintöniger Forste in naturnahe Wälder. Trotz der Schutz- und Pflegemaßnahmen haben Besucher vielfältige Möglichkeiten, das Landschaftsparadies kennenzulernen. Ein schönes Naturerlebnis bietet der *Müritz-Nationalpark-Wanderweg*. Über seinen Verlauf informieren Übersichtstafeln an den Eingangstoren zum Nationalpark u. a. in Ankershagen und Kratzeburg-Kapellenberg.

Etwa 1 km östlich der Ortschaft Kratzeburg an der Verbindungsstraße zur B 193 beginnt ein Naturlehrpfad. Er führt durch eine eiszeitlich geprägte Landschaft vorbei am Krummen See, einem typischen Rinnensee, und endet am germanischen Burgwall bei Pieversdorf.

Useriner See Doch wollen wir unser Augenmerk dem Useriner See zuwenden, er ist der bis dahin größte See, den die Havel seit ihrer Quelle erreicht. An seinem Ostufer, in Userin – Bauernende Nr. 18, befindet sich die in Privatinitiative gegründeten *Vylymhütte*. Ihre Mitarbeiter widmen sich seit mehr als 12 Jahren dem Umwelt- und Naturschutz im Gebiet des heutigen Müritz-National-

Der Useriner See wurde von den slawischen Redariern Vylym genannt. Die Bezeichnung geht auf das altslawische Stammwort velu, groß, zurück.

parkes. Zweimal wöchentlich (Do 19–21 Uhr, So 10–12 Uhr) finden hier Vorträge statt, die Vielfalt und Lebensbedingungen von Tieren und Pflanzen des Gebietes eindrucksvoll schildern. Außerdem bietet eine Tierausstellung prächtige, präparierte Exemplare von Seeadlern, Kormoranen, Rot- und Schwarzmilanen u. a. Der Leiter und Erbauer der Vylymhütte, Herr Schmidt, trug diese beeindrukkende Sammlung zusammen, die schon in fernen Städten, z. B. in Zagreb und Kairo, zu sehen war. Er betreut zudem ein umfangreiches Tierstimmenarchiv und bringt »Kostproben« daraus bei Veranstaltungen zu Gehör. Wer jedoch die Tiere in freier Wildbahn »belauschen« möchte, sollte das Angebot einer mehrstündigen Bootstour nutzen. Diese bietet mehr als eine Möglichkeit, typische Arten in ihrer natürlichen Lebenswelt zu beobachten – doch erfordert das Zeit und Geduld!

Unter freiem Himmel werden in der naturnahen Atmosphäre des Gartens in den Sommermonaten auch Filme gezeigt.

Vom Useriner See nimmt die Havel ihren weiteren Weg über den *Großen Labussee* zum *Woblitzsee*. Von hier aus führt der *Kammerkanal* in nördlicher Richtung nach Neustrelitz – zu der Stadt, die der Kleinseenplatte, wo sich die Havel zum Fluß mausert, den Namen gab.

Neustrelitz kann man in Anbetracht der zahlreichen mittelalterlichen Städtegründungen in Deutschland als eine relativ junge Siedlung ansehen. Seine Geschichte ist eng mit der älteren Herzogsresidenz Strelitz (heute Ortsteil Altstrelitz) verbunden. Als hier 1712 das Schloß abbrannte, entschloß sich der damalige Herzog von Mecklenburg-Strelitz, sein Jagdhaus Glienicke zur neuen Residenz auszubauen. Die neue *Schloßanlage* entstand 1726–1731 unter Leitung von Ch. J. Löwe, welcher auch mit der weiteren Stadtplanung beauftragt wurde. Bereits 1733 verlieh der Fürst Neustrelitz das Stadtrecht. Heute ist Neustrelitz vor allem als Tor zur gleichnamigen Kleinseenplatte mit ihren mehr als 300 Seen bekannt. Doch die Stadt selbst hat auch einiges zu bieten. Zwar wurden wichtige Bauwerke wie Schloß und Theater 1945

Bis 1918 sollte Neustrelitz Herzogssitz bleiben, war dann 1918–1933 Landeshauptstadt des Freistaates Mecklenburg-Strelitz und seit 1959 eine Kreisstadt.

Ehemalige Orangerie im Neustrelitzer Schloßpark

zerstört, doch lohnen der barocke Stadtpark und der Markt alle Male einen Besuch. Wegen seiner einzigartigen Anlage steht der *Markt* heute unter Denkmalschutz. Von seinem Zentrum gehen 8 Straßen sternförmig ab. Das Rondell des einst freien quadratischen Marktplatzes entstand 1866 und wurde nur mit zweigeschossigen Häusern umbaut. Von den marktseitigen Bauten blieben die heutige Apotheke, Sparkasse, die »Goldene Kugel« und das Café am Markt erhalten. Hier befindet sich auch die von dem Hofmedicus Verpoorten errichtete barocke *Stadtkirche*. Der 1778 fertiggestellte Saalbau erhielt im Jahre 1831 durch F. W. Buttel einen auffallenden, in vier Etagen aufsteigenden Turm, die Idee dazu stammte von K. F. Schinkel. Ebenso schuf Buttel das klassizistische Rathaus von 1841, welches sich auf der anderen Seite des Marktes in der Strelitzer Straße befindet.

Der schönste »Schmuck« der Stadt ist jedoch der *Schloßpark*. Er entstand nach Plänen von Ch. J. Löwe zur selben Zeit wie das Schloß, das ursprünglich den Mittelpunkt der Anlage bildete. Der

Das Neustrelitzer Stadtwappen zeigt neben dem mecklenburgischen Stierkopf den sogenannten Stargarder Arm. Er erinnert daran, daß im Jahre 1301 die Tochter des brandenburgischen Markgrafen Albrecht III. das Land Stargard als Brautschatz in die Ehe mit dem mecklenburgischen Fürsten Heinrich II. einbrachte.

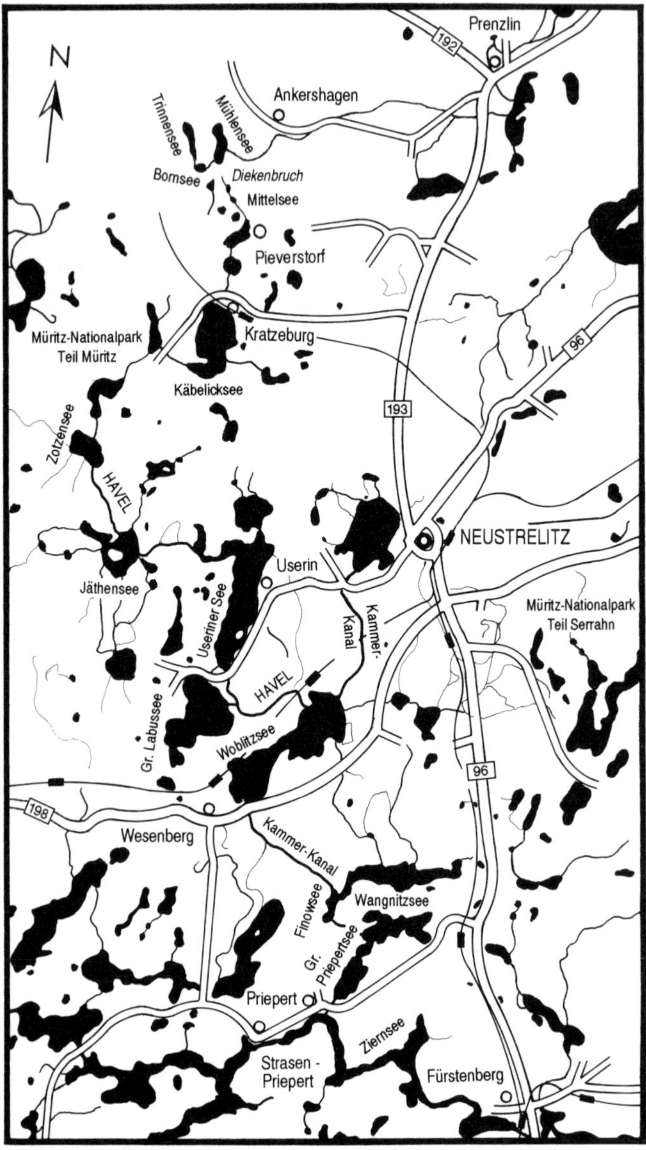
N
Prenzlin
192
Ankershagen
Trinnensee
Mühlensee
Bornsee
Diekenbruch
Mittelsee
Pieverstorf
Neubrandenburg
Müritz-Nationalpark
Teil Müritz
Kratzeburg
96
Käbelicksee
193
Zotzensee
HAVEL
NEUSTRELITZ
Userin
Jäthensee
Useriner See
Kammer-
Kanal
Müritz-Nationalpark
Teil Serrahn
HAVEL
Gr. Labussee
Woblitzsee
96
198
Wesenberg
Kammer-Kanal
Wangnitzsee
Finowsee
Gr.
Priepertsee
Priepert
Ziernsee
Strasen -
Priepert
Fürstenberg
Oranienburg

Barockgarten nach französischem Vorbild wurde später mehrfach umgestaltet. An der Umwandlung zu einem Landschaftspark war kein Geringerer als P. J. Lenné beteiligt. Von der barocken Anlage ist die ehemals auf das Schloß ausgerichtete Hauptachse noch vorhanden, und auch die zum Teil erhaltene Ausschmückung des Parks mit Figuren bzw. Statuen deutet darauf hin. So befindet sich beispielsweise im nordöstlichen Bereich die sogenannte Götterallee. Sie erhielt ihren Namen nach den hier aufgestellten neun Sandsteinfiguren antiker Götter und Jahreszeiten aus der zweiten Hälfte des 18. Jahrhunderts. In diesem Parkteil befindet sich zudem die Orangerie, welche 1755 als Winterquartier für kälteempfindliche Pflanzen entstand. Später wurde sie allerdings durch Einfluß von Schinkel und Buttel zu einem Gartensalon umgebaut. Seitdem besitzt sie eine künstlerisch recht bedeutende klassizistische Innenarchitektur und lädt heute als stilvolles Restaurant zum Einkehren ein. Am Ende der Hauptachse steht der 1840 ebenfalls von Buttel geschaffene Hebetempel mit einer Nachbildung von Canovas Hebe. Der viersäulige, klassizistische Tempel von 1891 im nordwestlichen Teil des Parkes ist dem Andenken an Königin Luise gewidmet. Die Grabstatue der Königin im Tempel schuf A. Wolff nach einem Original von Ch. D. Rauch.

Die *Schloßkirche* am Rande des Parks mit ihren schlanken Türmen und ihren nahezu musterhaften Schmuckformen, verdankt ihre Gestalt F. W. Buttel. Er ließ sie 1855–1859 in neugotischen Formen errichten. Im Inneren blieb die einheitliche Ausstattung von 1859 erhalten.

Der bereits 1721 südöstlich des Schlosses angelegte waldartige *Tiergarten* diente dem Herzog ursprünglich als Jagdrevier. Heute sind hier etwa 70 Tierarten beheimatet. Mit den vielen Tiergehegen und dem schönen alten Baumbestand ist dieser Park ein gutes »Revier« für erholsame Spaziergänge. Den Eingang zum Tierpark markiert ein bemerkenswertes Portal mit zwei großen weißen Hirschen von F. W. Buttel und Ch. D. Rauch.

Alljährlich Ende Juni findet im Rahmen der Neustrelitzer Parkfestspiele auch ein Tierparkfest statt.

Wesenberg Nach unserem Abstecher in die ehemalige Residenzstadt Neustrelitz kehren wir entlang des Kammerkanals zu den Havelseen zurück und erreichen am *Woblitzsee* die Kleinstadt Wesen-

Die gut ausgestatteten Bungalows (für je 4 Personen) am Woblitzsee in Wesenburg sind für einen Familienurlaub hervorragend geeignet.

berg. Im Vergleich zum herrschaftlichen Neustrelitz gibt sich dieser Ort sehr bescheiden, besonders das Kopfsteinpflaster hält so manche Tücke parat. Dennoch lohnt ein Besuch des Marktplatzes mit seinen Linden, der alten Apotheke und den Bürgerhäusern.

Die Havel verläßt westlich der Stadt den Woblitzsee in einem künstlichen Flußbett, dem zweiten Teil des Kammerkanals. Über die darauffolgenden Seen – *Finow-, Wangnitz-* und *Großer Priepertsee* – nähert sie sich der mecklenburgisch-brandenburgischen Grenze. Dem nun erreichten *Ellbogensee* gebührt gleich in zweifacher Hinsicht die Ehre, »Grenzgewässer« zu sein. Die westliche Begrenzung bildet die Schleuse Strasen-Priepert, die den Weg zur Müritz-Havel-Wasserstraße und damit die Verbindung zur Ostsee eröffnet. Doch der ungehinderte Abfluß der Havel vollzieht sich über den südöstlichen Teil des Ellbogensees, der den Übergang der Havel vom Mecklenburgischen zum Brandenburger Land kennzeichnet.

Der besondere Tip:

Wo sich einst das Mühlrad drehte

Direkt an der Schleuse Strasen-Priepert wurde lange Zeit eine Kornmühle betrieben, die sich heute in einem völlig neuen »Outfit« präsentiert. Die einstige Mühle hat sich Anfang der 90er Jahre in das moderne Hotel »Zum Löwen« verwandelt. Großzügiger Komfort und ein hervorragendes Restaurant, das u. a. zahlreiche Fischspezialitäten wie »Forelle blau«, »Lachsforelle gedünstet in Wurzelgemüse«, Karpfen »gebraten« oder »weiß gekocht« sowie andere Frischfischgerichte anbietet, lassen den Aufenthalt sehr angenehm werden. Zum Service bzw. zur Ausstattung des Hotels gehören zudem Boots- und Fahrradverleih, Sauna und Solarium sowie ein Konferenzraum für 25 Personen. In den wärmeren Jahreszeiten lädt die Terrasse direkt an der Havel bzw. dem Ellbogensee zum Verweilen ein.

»Willkommen in Brandenburg«

Großmenow · Fürstenberg · Fürstenberger Seengebiet · Röblinsee · Ravensbrück · Stolpsee · Himmelpfort · Woblitz · Lychen · Bredereiche · Burgwall

Anreise:
mit dem Auto *von Berlin über die B 96 nach Altlüdersdorf, Dannenwalde oder Fürstenberg und Weiterfahrt zum nächstgewählten Reiseziel*
mit der Bahn *bis Fürstenberg, ab Bahnhof bestehen Busverbindungen in Richtung Himmelpfort, Bredereiche und Marienthal*

»Nonnenbad« an der Havel nördlich von Bredereiche

Einen besonders steinigen Wegabschnitt bewältigt die Havel in einem Erosionstal unterhalb von Steinförde bis zur Einmündung in den Röblinsee bei Fürstenberg. Dieser Abschnitt wird deshalb auch als »Steinhavel« bezeichnet.

Nach ihrem ungewöhnlichen Schlängellauf durch kleine und große Seen der Neustrelitzer Kleinseenplatte »betritt« die Havel am *Ellbogensee* bei Großmenow erstmals brandenburgisches Terrain.

Großmenow Durch seine landschaftlich reizvolle Seelage zieht das eher schlichte Großmenow, gleich vielen anderen Orten dieser Region, zahlreichen Sommergäste an. So ist es nicht verwunderlich, daß die Zahl der Bungalows bei weitem die der Wohnhäuser übersteigt. Am Seeufer erstreckt sich zudem ein großer schöner Naturcampingplatz.

Fürstenberg Dem Ellbogensee schließen sich *Ziern- und Menowsee* an. Diese hinter sich lassend, passiert die Havel Steinförde sowie Steinhavelmühle und erreicht bald darauf Fürstenberg, die erste Kleinstadt auf brandenburgischem Gebiet.

Das Städtchen gehörte jedoch nicht immer zu Brandenburg. 1287 urkundlich erstmals erwähnt, fiel es bereits 1348 von Brandenburg an Mecklenburg-Stargard, und bei Mecklenburg blieb es für viele Jahrhunderte. Erst durch die neue Verwaltungsreform von 1950 kam es wieder zum Land Brandenburg.

Obwohl die Stadt auf eine bewegte, über 700jährige Geschichte zurückblicken kann, blieben doch kaum historische Bauwerke erhalten. Grund dafür waren verheerende Brandkatastrophen, die Fürstenberg in jedem Jahrhundert ein- oder sogar mehrmals heimsuchten. Auch der letzte Großbrand im Jahre 1807 zerstörte die Stadt nahezu vollständig. Herausragende Sehenswürdigkeiten werden wir in Fürstenberg deshalb vergeblich suchen. Trotzdem gibt es auch hier einige schöne »Ecken«.

Ein besonderer Blickfang ist der *Markt* mit der beeindruckenden Pfarrkirche und einigen schlichten klassizistischen Bürgerhäusern. Die *Kirche* wurde 1845–1848 nach Plänen von F. W. Buttel aus gelbem Backstein errichtet. In ihrem Stil lehnt sie sich an die damals durchaus nicht alltägliche, von K. F. Schinkel angeregte Backstein-Neugotik an. Mit ihrem schlanken, hohen Turm bildet sie ein markantes Wahrzeichen der Stadt. Im Kircheninneren verdient vor allem der über dem Altar angebrachte, 7 m lange Batikteppich – der größte seiner Art in Europa – besondere Beachtung.

Folgen wir der Hauptstraße in nördlicher Richtung, treffen wir bald darauf »Unter den Linden« auf das älteste vollständig erhaltene Bauwerk

Fürstenbergs, auf das *Schloß*. Die barocke Dreiflügelanlage entstand 1741–1752 nach Entwürfen von Ch. J. Löwe. Ursprünglich diente es der im Jahre 1756 hier verstorbenen Herzogin Dorothea Sophia als Witwensitz. Seit 1911 befindet sich die Schloßanlage in städtischem Besitz, beherbergte seitdem ein Sanatorium sowie eine Schule und ist heute ein Krankenhaus. Vor dem Schloß erstreckt sich der bis zum *Schwedtsee* reichende Stadtpark mit seinen gepflegten Anlagen und einem Yachthafen.

Seit 1946 gibt es in Fürstenberg, im Angebot der Fleischerei Dworek, eine besondere Spezialität: Die Moskauer, eine Kochsalami, leicht gewürzt mit Knoblauch, ist ein Überbleibsel aus der Zeit, als noch 30 000 russische Soldaten zu versorgen waren.

Für Museumsfreunde empfiehlt sich ein Besuch der *Heimatstube* Fürstenbergs in der Fritz-Reuter-Straße. Hier gibt es nicht nur Wissenswertes über die Stadtgeschichte zu erfahren, sondern auch über die in Fürstenberg beheimatete Fischerzunft und über die einst vorhandenen Glashütten.

Die Heimatstube hat nur saisonal geöffnet: von Mai bis Oktober Di und Do 9–11 und 14–17 Uhr.

Damit haben sich die Sehenswürdigkeiten der Stadt allerdings auch schon erschöpft. Doch was der Ort an auffallenden Glanzpunkten entbehrt, bietet die Umgebung dafür um so mehr. Prächtiger kann ein »Rahmen« wohl kaum sein. So weit das Auge reicht nur Wälder und Seen.

Die Wälder und die Seen rings um Fürstenberg reichen nordöstlich über Lychen bis zur *Feldberger Landschaft*, nordwestlich über die *Neustrelitzer Kleinseen* sogar bis zur Müritz. Im Südwesten grenzen die Seen der *Rheinsberger Landschaft* und im Südosten die Seen um *Templin* an.

Ausflügler finden hier beste Bedingungen für ausgedehnte Wanderungen, Schiffs- oder Bootsausflüge. Heideflächen wechseln sich mit Kiefern- und Buchenwäldern ab, die hier und da auch noch Traubeneichenbestände aufweisen. Häufig reichen die Wälder bis an die Seeufer heran, und mächtige Baumkronen spiegeln sich im Wasser. Kundige Pilzsammler können zu gegebener Zeit nahezu alle Arten hiesiger Speisepilze entdecken und auch die Petrijünger kommen voll auf ihre Kosten. In zahlreichen Seen tummeln sich Aale, Hechte, Zander, Barsche oder Kleine Moränen. Selten gewordene Vogelarten wie Kranich, Schwarzer und Roter Mi-

Große Teile der Umgebung Fürstenbergs gehören zum Landschaftsschutzgebiet »Fürstenberger Wald- und Seengebiet«. Hierzu zählen auch die Naturschutzgebiete »Thymensee« (480 ha) und »Stechlin« (9500 ha).

lan, Eisvogel und Graureiher haben hier noch ihren Lebensraum. In dieser Landschaft kann man die »Seele einmal so richtig baumeln zu lassen«.

Wen es jedoch mehr zu Ausflügen in die unmittelbare Umgebung Fürstenbergs lockt, der braucht auf erlebnisreiche Unternehmungen ebenfalls nicht zu verzichten.

Hier, auf der Fürstenberger Festwiese finden oft Veranstaltungen statt, und zudem sorgen Treetbootverleih, Freilichtkino, Tischtennis- und Volleyballplätze für Freizeitspaß.

Röblinsee Westlich der Stadt erstreckt sich der etwa 100 ha große Röblinsee mit seinem steil abfallenden Süd- und Westufer. Während sein Nordufer an Wald grenzt, liegt sein Südufer bereits im Fürstenberger Siedlungsgebiet

Im Südosten Fürstenbergs dehnt sich der kleine *Baalensee* (20 ha) und nordöstlich der *Schwedtsee* (70 ha) aus.

Die Havel durchströmt alle drei Seen. Vom Röblinsee kommend, umspült sie die Fürstenberger Altstadt und fließt in den Baalensee, von dem wiederum zwei Havelarme zum Schwedtsee führen.

Ein Museum in der Kommandantur des KZ Ravensbrück informiert über die Geschichte des Lagers. Auf dem Gelände der Gedenkstätte befinden sich das einstige Krematorium, der Zellenbau mit Gedenkräumen und ein Ehrenhof.

Mahn- und Gedenkstätte Ravensbrück Steht man am stadtseitigen Ufer des Schwedtsees und läßt den Blick zum gegenüberliegenden Ufer gleiten, erkennt man auf einer in den See hineingebauten Plattform eine bronzene Frauenfigur. Die trauernde Figur hält eine Tote in ihren Armen. Es ist die von W. Lambert geschaffene Plastik »Die Tragende« der Mahn- und Gedenkstätte Ravensbrück.

Hier, auf dem Gelände am Schwedtsee, östlich des Dorfes Ravensbrück, begann am 18. Mai 1939 mit der Verlegung von 867 weiblichen Häftlingen von Lichtenburg nach Ravensbrück die grausige Geschichte des größten nationalsozialistischen Frauenkonzentrationslagers. Um die Gedenkstätte zu besichtigen, umfährt man den See auf der Straße, die nach Himmelpfort führt. An der Zufahrtsstraße weist die von F. Cremer geschaffenen Gruppenplastik »Die Frauen von Ravensbrück« den Weg in die Gedenkstätte.

Zu den Dauergästen am Stolpsee gehören Stock- und

Stolpsee Etwa 2 km von Ravensbrück entfernt, liegt der Stolpsee. Dieser ist nicht nur ein günstiger Ausgangspunkt für Wasserwanderungen in die

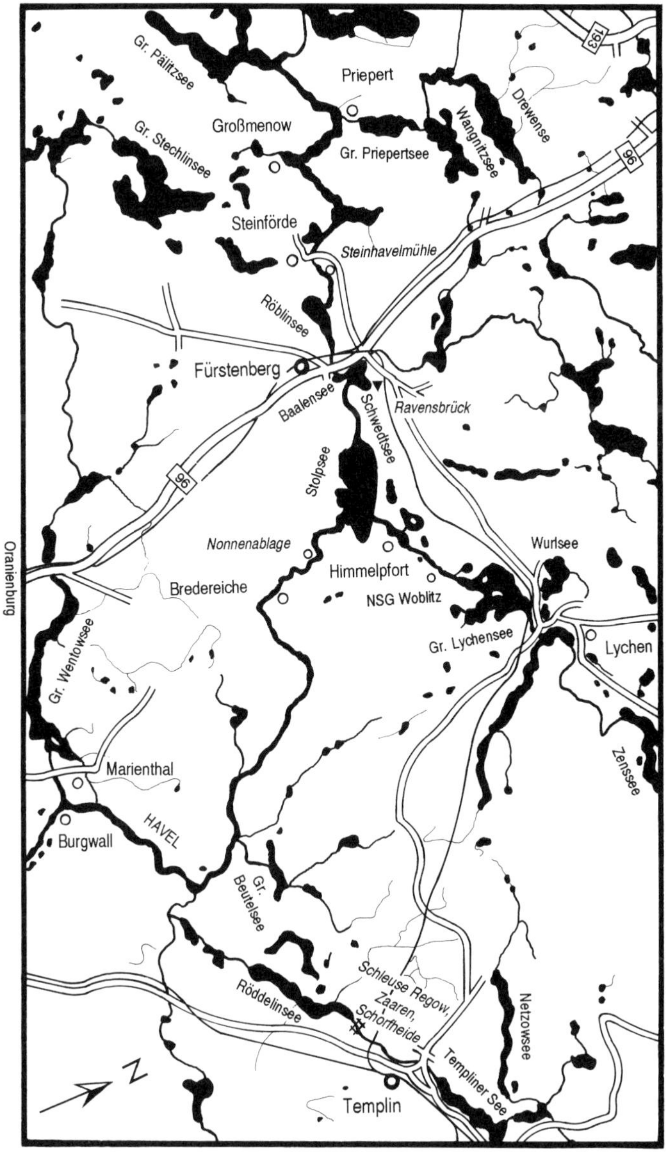
Gr. Pälitzsee
Priepert
Großmenow
Gr. Stechlinsee
Gr. Priepertsee
Wangnitzsee
Drewense
193
96
Steinförde
Steinhavelmühle
Röblinsee
Fürstenberg
Baalensee
Schwedtsee
Ravensbrück
Stolpsee
96
Oranienburg
Nonnenablage
Himmelpfort
Wurlsee
Bredereiche
NSG Woblitz
Gr. Lychensee
Lychen
Gr. Wentowsee
Zenssee
Marienthal
HAVEL
Burgwall
Gr. Beutelsee
Schleuse Regow,
Zaaren,
Schorfheide
Röddelinsee
Netzowsee
Templiner See
Templin
N

Tafelenten, Haubentaucher, Bleß- und Teichhühner sowie Wasserrallen.

Lychener Gewässer, sondern ebensogut zum Segeln geeignet. Mit einer Größe von 390 ha bietet der Stolpsee auch unseren gefiederten Freunden ein ideales Revier.

Himmelpfort Am östlichen Ufer des Stolpsees erreichen wir den kleinen Ort Himmelpfort, welcher seinen Namen dem im Jahre 1299 gegründeten Zisterzienserkloster verdankt. Vom Markgraf Albrecht III. gestiftet, entstand es als letzte Tochtergründung des Klosters Lehnin. Bereits um 1309 konnte der Aufbau des *Himmelpforter Klosters*, zu dem zahlreiche Dörfer der Umgebung gehörten, beendet werden. Der Leichnam des 1300 verstorbenen Markgrafen wurde seinem Wunsch entsprechend nach der Fertigstellung des Bauwerkes vom Kloster Lehnin nach Himmelpfort überführt.

Der Sage nach ließ der Markgraf das Kloster aus Dankbarkeit errichten. Grund dafür war ein schweres Gewitter, das ihn hier während eines Jagdausfluges überraschte und welches er unbeschadet überstand.

Heutzutage ist von der ehemaligen Klosteranlage leider nicht mehr viel zu sehen. Die Reste der alten Klosterkirche, u. a. des Chores, fanden 1663 beim Bau der *Dorfkirche* Verwendung. Sie steht inmitten des ehemaligen Klostergartens mit einem schönen alten Baumbestand. Im Eingangsbereich zum Klostergelände befindet sich außerdem noch das ehemalige *Brauhaus*, das zur Zeit noch als Wohnhaus dient. Wenn die gegenwärtigen Pläne Wirklichkeit werden, wird das Brauhaus einst Teil einer Rehabilitationsklinik sein.

Naturschutzstation Woblitz An Himmelpfort angrenzend und von Fürstenberg nur 6 km in östlicher Richtung entfernt, erstreckt sich der kleine *Haussee*, der von der *Woblitz* durchflossen wird. Dieses Flüßchen gab auch der Naturschutzstation den Namen, die sich auf halber Strecke zwischen Himmelpfort und Lychen am *Großen Lychensee* befindet. In den Schutz- und Schongebieten der Umgebung leben u. a. bedrohte Greifvögel wie der Fisch- und Seeadler sowie Schwarzstörche und einige Kranichpaare. Ihrem Schutz gilt die besondere Fürsorge der Mitarbeiter dieser Station. So werden verletzte bzw. erkrankte Vögel liebevoll von ihnen gepflegt. Während der Brutzeit bewachen eh-

Als »Schule im Grünen« bietet die Naturschutzstation Woblitz Seminare, Führungen, Umweltspiele und Exkursionen für Schulklassen und Naturinteressierte an. Die vorhandenen Unterkünfte erlauben auch einen mehrtägigen Aufenthalt.

»Engelsgesicht« in der Bredereicher Dorfkirche

renamtliche Helfer die Horste der Adler. Mit Hilfe eines Wiederansiedlungsprojektes, das ebenfalls die Unterstützung polnischer Naturschützer und Wissenschaftler erfährt, soll eines Tages auch der Wanderfalke hier bald wieder seine Kreise ziehen.

Lychen Das ebenso wie Himmelpfort von mehreren Seen umgebene Lychen liegt nur wenige Kilometer entfernt und kann von Himmelpfort aus ebenso auf dem Wasserweg erreicht werden. Schon von weitem grüßt uns der wuchtige Turm der *Kirche St. Johannis*. Sie befindet sich ebenso wie das barocke *Rathaus* und kleinen Gassen mit *Fachwerkhäusern* im Zentrum des Städtchens, das von drei Seen wie eine Insel eingeschlossen ist.

Die zahlreichen Seen und Wälder in der Umgebung der Stadt sorgen für ein günstiges Luftklima.

Bredereiche Über den Großen Lychensee und die Woblitz nach Himmelpfort zurückgekehrt, sind es havelabwärts nur wenige Kilometer bis zum Schifferort Bredereiche. In dem kleinen Dorf fällt sofort die zierliche *Fachwerkkirche* auf, die in frischem Weiß erstrahlt. Eigentlich als eine Art »Notkirche« Ende des Dreißigjährigen Krieges erbaut, überdauerte sie doch Jahrhunderte und zeigt sich nach mehrjähriger Rekonstruktion heute noch ihrer Bestimmung gewachsen. Während der Instandhaltungsarbeiten legten Dresdner Kunststudenten Ma-

Nach altem Brauch stiftete jede Braut, die das erste Mal das Schiff ihres Bräutigams betrat, ein 4 m langes Stoffband mit ihrem Monogramm und der Jahreszahl. Diese Bänder schmücken heute noch eines der Schiffsmodelle in der Bredereicher Kirche.

lereien an der Emporenbrüstung frei. Unter anderem tauchten auf diese Weise zwei hübsche Engel auf, für die angeblich die reizenden Töchter des damals in Bredereiche wirkenden Pfarrers Modell gestanden haben sollen. Zu den Kuriositäten in dieser Kirche zählen auch zwei von der Decke herabhängende Schiffsmodelle. Sie weisen auf den für lange Zeit überaus wichtigen Erwerbszweig der Dorfbewohner hin, die Havelschiffahrt. Die Ära der Havelschiffer und der 1839 gegründeten Schifferinnung ging im Juli 1993 mit der Pensionierung des letzten Schiffers zu Ende. Geblieben sind nur die Schleusenanlage und die Schiffsanlegestellen.

Das Templiner Wasser wurde nach der ca. 12 km entfernten uckermärkischen Kleinstadt benannt, deren vollständig erhaltene Stadtbefestigungsanlage einen Besuch lohnt.

Burgwall Flußabwärts folgen die Schleusen Regow, Zaaren und Schorfheide, bevor das *Templiner Wasser* der Havel neue Kräfte zuführt. Nach dieser Einmündung wird nach etwa 7 km der kleine Ort Burgwall erreicht. Wassersportfreunden ist das ehemalige Fährdorf als Rastplatz wohlbekannt. Hier gibt es einen umfangreichen Bootsservice, Ruder-, Haus- u. a. Boote können gechartert werden. Und auch für das leibliche Wohl ist gesorgt. Das *Gasthaus »Zur Fähre«* wartet mit Rustikalem auf wie »Havelaal in Aspik mit Bratkartoffeln« oder »Havelländer Pfeffersteak«.

Der besondere Tip:

Nicht nur ein Platz für Nonnen
Etwa 1 km nördlich von Bredereiche, direkt an der Ortsverbindungsstraße Bredereiche – Himmelpfort, liegt an der Havel ein herrlicher Rastplatz. Die von Wald umgebene, zur Havel hin abfallende Wiese gibt hier einen wunderbaren Blick auf das Havelknie frei. Tische und Bänke aus Baumstämmen laden zum Picknick im Grünen ein. Nach alten Überlieferungen schätzten bereits vor mehr als 500 Jahren Nonnen aus Zehdenick diesen Platz. Auf dem Weg von ihrem Kloster zu den Glaubensbrüdern in Himmelpfort machten sie stets hier halt, um sich auszuruhen und sich im Havelwasser zu reinigen. Im Volksmund wird seit diesen Zeiten der Havelrastplatz »Nonnenbad« oder »Nonnenablage« genannt.

Die Schnelle Havel

Zehdenick und Umgebung · Badingen · Liebenwalde · Oranienburg · Sachsenhausen

Anreise:
mit dem Auto *von Berlin über die B 96 bis Oranienburg bzw. bis nach Gransee/Weiterfahrt nach Zehdenick*
mit der S-Bahn *bis Oranienburg, anschließend mit der Bahn bis Zehdenick oder Liebenwalde*

Die Tonstiche bei Zehdenick

Burgwall bis Zehdenick Von Burgwall in Richtung Zehdenick hat es die Havel wesentlich leichter. Sie muß sich jetzt nicht mehr mühsam ihren Weg durch Hügelketten in manchmal engen Tälern bahnen. Ganz gemächlich fließt sie nun durch eine weite, flache Landschaft, die zum Eberswalder Urstromtal gehört. In ihrer Ruhe wurde sie jedoch Ende des vergangenen Jahrhunderts ab 1886 empfindlich gestört, als man beim Bau der Eisenbahnlinie riesige Tonlagerstätten entdeckte. Es folgte der rasante Aufbau einer gigantischen Ziegelindustrie – für mehrere Jahrzehnte die bedeutendste Europas. Den Hauptrohstoff gewann man in sogenannten »Tonstichen«, die im Laufe der Zeit eine eigentümliche Landschaft formten. Etwa 60 dieser *Tonstiche* reihen sich heute links und rechts der Havel aneinander, die sich nach dem Ende des Tonabbaus meist mit Wasser füllten. Von da an sich selbst überlassen, haben sich viele prächtige Biotope entwickelt – ein Eldorado für Wanderfreunde, vor allem aber für Petrijünger. Wanderer mit viel Kondition führt ein 25 km langer Rundkurs durch das gesamte Reich der Tonstiche. Östlich der Havel hilft ein mit rotem Strich gekennzeichneter Wanderweg bei der Orientierung, westlich des Flusses markiert ein grüner Strich die Strecke. Folgen wir letzteren vom Ausgangspunkt Burgwall, erreichen wir nach ca. 3 km eines der ehemaligen *Ziegelwerke*, das sich zur Zeit in einen *Museumspark* verwandelt. Mittelpunkt des Industriedenkmals wird das *Ziegelei- und Technikmuseum* sein. In einem ersten Bauabschnitt erstehen bis 1995 durch Restaurierung bzw. Wiederaufbau mehrere Gebäude und technische Anlagen neu. Darunter befinden sich das Dampfmaschinenhaus, eine historische Schmiedewerkstatt aus der Zeit um 1900 und – Eisenbahnenthusiasten werden es mit Freude vernehmen – ein für Europa einmaliger Umsteigebahnhof zwischen drei Spurbreiten (630 mm, 750 mm und 500 mm). Auf den alten Gleisen sollen künftig 20 Loren der früheren Ziegeleibahn auf der Strek-

In 18 ehemaligen Tonstichen kann Aal, Zander, Wels, Hecht und Rotfeder geangelt werden. Tages- und Wochenangelkarten sind im Fremdenverkehrsbüro Zehdenick erhältlich.

Anläßlich des bundesweiten »Tages des offenen Denkmals« am 12. September 1993 öffnete der Museumspark seine Pforten. Initiator ist der Verein »Technische Denkmale Gransee e.V.«

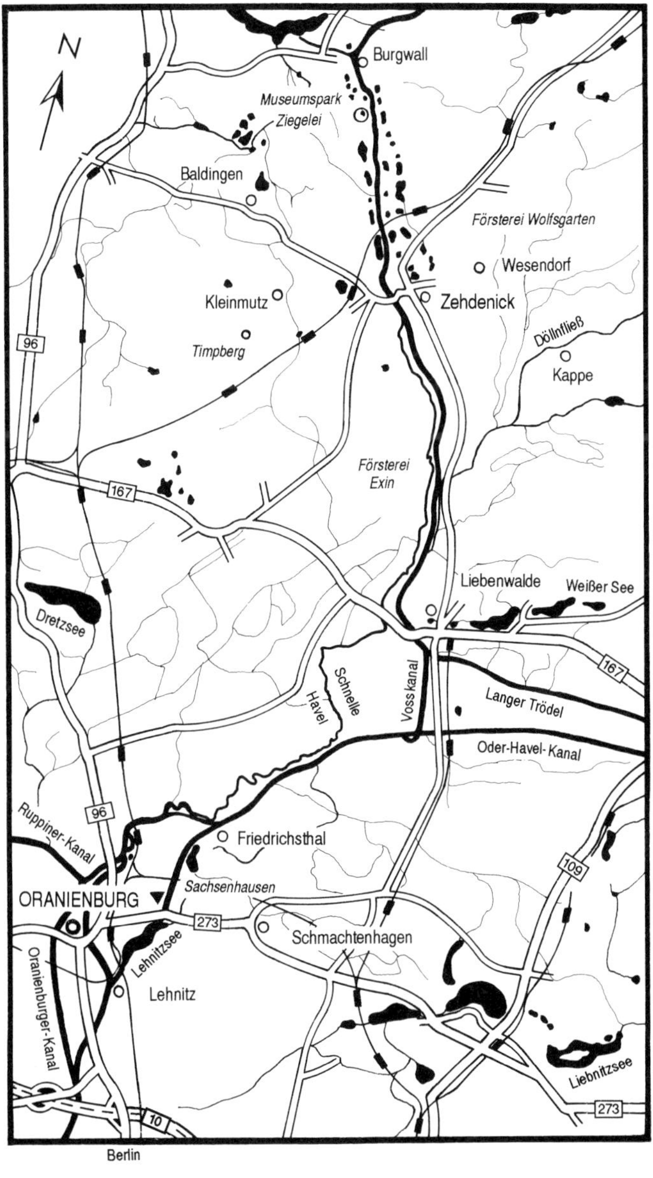
N
Burgwall
Museumspark
Ziegelei
Baldingen
Försterei Wolfsgarten
Wesendorf
Kleinmutz
Zehdenick
96
Timpberg
Döllnfließ
Kappe
Försterei
Exin
167
Liebenwalde
Weißer See
Dretzsee
Schnelle
Havel
Voss kanal
167
Eberswalde
Langer Trödel
Oder-Havel-Kanal
96
Ruppiner-Kanal
Friedrichsthal
109
Sachsenhausen
ORANIENBURG
273
Schmachtenhagen
Lehnitzsee
Oranienburger-Kanal
Lehnitz
Liebnitzsee
273
10
Berlin

ke Zehdenick–Burgwall–Mildenberg–Gransee Touristen aufnehmen und gemächlich durch die Havellandschaft »fahren«.

Die Ziegel wurden auf dem Wasserweg abtransportiert. So besaß Zehdenick um 1930 noch eine Flotte von 317 Schiffen.

Bereits während der Bauphase kann das Ziegelei- und Technikmuseum besichtigt werden (freitags ab 13 Uhr und samstags ab 8 Uhr). Herzstück der Ziegelei waren und sind die Ringöfen. In der Blütezeit der Ziegelindustrie ragten im Zehdenikker Raum etwa 63 gen Himmel. Der ehemalige *Ringofen IV* erlebt schon jetzt eine Verjüngungskur. Seine zukünftige Nutzung wird sich allerdings erheblich von der vergangenen unterscheiden, als im Ofeninnenraum während des 200 bis 240stündigen Ziegelbrennens bis zu 1 000 Grad Celsius vorherrschten. Wenn der letzte Handwerker seine Arbeit beendet hat, finden hier Weinstube, Café und Galerie ihren Platz. Die technische Seite des Ziegelbrennens veranschaulicht später der *Ringofen II*, dessen Rekonstruktion voraussichtlich im Jahre 1995 beginnt. Dennoch kann man hier schon jetzt eine Vorstellung von jenen Produktionsstätten gewinnen, die einst die Bausteine für fast die Hälfte aller Berliner Gebäude lieferten. Im letzten Drittel des vorigen Jahrhunderts liefen sie den bis dahin wichtigsten Lieferanten, den Glindower Ziegeleien, den Rang ab. Mit diesem geplanten Museumspark wird aus der einstigen Industrielandschaft der Havel zwischen Burgwall und Zehdenick eine attraktive Freizeitoase werden, in der sich Vergangenheit und Gegenwart auf originelle Weise verbinden.

Im ehemaligen Betriebshafen der Ziegelindustrie soll in naher Zukunft ein Yachthafen und eine Bootsreparaturwerft entstehen, ein Schiffsmuseum wird die Geschichte des Ziegeltransports zu Wasser dokumentieren.

Zehdenick Wir wenden uns nun wieder dem Wanderweg in Richtung Zehdenick zu. Wahrzeichen dieser Stadt ist die zweiflügelige *Eisenbrükke*. Anläßlich des 775. Stadtjubiläums im Jahre 1992 eingeweiht, kündet sie heute vom wichtigen Havelübergang, der den Anlaß für die Stadtgründung gab. Mit den deutschen Siedlern ließen sich Zisterziensernonnen in Zehdenick nieder, wenn man der Sage glauben darf, war ein Wunderbluterereignis ausschlaggebend für ihre Standortwahl.

Die Hastbrücke in Zehdenick

Das *Kloster* hat bis zu seiner endgültigen Auflösung im Jahre 1973 gute und schlechte Zeiten gesehen. Einer der schwärzesten Tage war der 24. Mai 1801, als eine Feuersbrunst Stadt und Kloster fast vollständig vernichtete. Zu allem Unglück schlug in den Abendstunden des selben Tages auch noch der Blitz in der Klosterkirche ein. So bietet sich uns beim Betreten des Klostergeländes heute ein seltsames Bild – vor der mächtigen Klosterruine heben sich fein hergerichtete Häuser ab. Prächtiger immergrüner Efeu verschönt die romantische »Kulisse« – nach Ansicht von Experten der älteste seiner Art in Europa. Um den Verfall des Klausurgebäudes zu stoppen, erfolgten 1992 Rekonstruktionsarbeiten am Nordgiebel. Besonders bemerkenswert sind die dicken Giebelwände, die eine Stärke von 1,30 m erreichen und gänzlich aus Feldsteinen bestehen. Von der Klosterkirche, die ebenfalls im feldsteinernen Gewand entstand, ragen heute nur noch Teile der Nordmauer und des Chores auf. Dagegen zeigt sich der aus Backsteinen be-

Die »Chronica« der Mark Brandenburg des Jahres 1598 berichtet von einer geschäftstüchtigen Wirtin, die 1249 vor ihren Bierfässern drei geweihte Oblaten vergrub, um den Bierkonsum anzukurbeln. Gewissensbisse trieben sie jedoch bald darauf zum Pfarrer, und bei den anschließenden Grabungen seien »... an dreyen oder mehr orten Blut gequollen«.

stehende Nordflügel mit einem Teil des Kreuzganges aus dem 14./15. Jahrhundert bestens erhalten. Seit dem 20. September 1992 beherbergt der Nordflügel eine Galerie mit wechselnden Ausstellungen. Dort, wo sich früher Wohnungen und Küche der Stiftsdamen befanden, wird nun Skulpturen, Gemälden und Fotos Platz eingeräumt. Kreuzgewölbe und Säulen sorgen für ein stimmungsvolles Ambiente.

Das sogenannte Zehdenicker Fastentuch aus dem 13. Jahrhundert, das sich einst im Kloster befand, ist heute im Märkischen Museum in Berlin zu sehen. Die kostbare Filet- und Leinenstickerei des Tuches gibt biblische Geschichten wieder.

Mittelpunkt der Altstadt ist der *Markt*, Geschäftszentrum und durch viele Restaurants und Cafés beliebter Treffpunkt zugleich. Wer jedoch den Blick auf die Havel bevorzugt, begebe sich entlang der Dammhaststraße zum Fluß, überquere die neue Zugbrücke, um dann links in den Havelweg einzubiegen. Nach ca. 200 m wird die Stadtschleuse mit einer kleinen Havelbucht erreicht, an deren Ufer die Gaststätte »Havelstrand« ihre Gäste erwartet (im Sommer montags Ruhetag). Bei schönem Wetter ist die Terrasse ein idealer Platz, von hier aus kann man das »Geschehen« auf dem Wasser und an der Schleuse gut beobachten. Falls die Lufttemperaturen ein Bad zulassen und der Anblick der Havel den Wunsch nach einer Abkühlung verstärkt, empfiehlt sich ein Abstecher zum *Freibad am Waldstich*, das sich nordöstlich des Stadtgebietes unweit der Templiner Chaussee befindet. Liegestühle laden zum Faulenzen ein, diverse Sportgeräte erwarten die ständig »Aktiven«.

Gleich nebenan können sich Naturfreunde entlang des Naturlehrpfades im »Wolfsgarten« über Bäume, Tiere und Forstwirtschaft informieren.

Ebenso ist ein Abstecher in die *Schorfheide* zu empfehlen, die hier ihren Anfang nimmt. Das von der UNESCO anerkannte Biosphärenreservat besitzt in weiten Teilen eine nahezu bilderbuchhafte Natur- und Kulturlandschaft. So findet man beispielsweise im *Waldrevier Wesendorf*, das 5 km östlich von Zehdenick beginnt, den Königsfarn weitverbreitet. Seinen Namen trägt er zurecht – stattlich, ja nahezu majestätisch sieht er aus. Auch der weitere Weg nach *Kappe* im Gebiet des Döllnfließes, das der Havel Wasser zuführt, geizt nicht mit landschaftlichen Reizen. In Kappe angekom-

Mit einer Fläche von 1 258 km² ist das Biossphärenreservat Schorfheide-Chorin nach dem Wattenmeer Deutschlands zweitgrößtes Schutzgebiet.

men, lohnt es, in das Heimatmuseums hineinzuschauen. Dem Privatmann Herrn Lüdke verdanken wir einen Exkurs in die jüngere Geschichte. Mit nicht nachlassendem Eifer begann er 1969 mit der Sammlung »erinnerungswürdiger Sachen« – neben vielerlei Hausgeräten und anderen Gebrauchsgegenständen auch eine Feuerwehr von 1922.

Badingen Während uns die letzten Ausflüge in das Gebiet östlich der Zehdenicker Havel führten, wenden wir uns nun dem westlichen »Gesicht« dieses Landstrichs zu, das ebenfalls manche Überraschung bereithält. 6 km westlich der Stadt kann in Badingen eines der ältesten Renaissanceschlösser Brandenburgs besichtigt werden. Wer hier allerdings einen reich verzierten, mächtigen Prachtbau erwartet, wird herb enttäuscht sein. Denn *Schloß Badingen* ist ein Beispiel des »Festen Hauses« , ein Schloßtyp wie er vor dem Dreißigjährigen Krieg oftmals auf dem flachen Lande anzutreffen war. Den kriegerischen Zeiten entsprechend wählten die Bauherren eine recht wehrhafte Bauweise – Feld- und Backsteine fügen sich zu starken Mauern zusammen. Von der Kunst des Bauens im 16. Jahrhundert zeugen die Stern- und Netzrippengewölbe in den Erdgeschoßräumen. Die *Kirche* gleich neben dem Schloß war bis zum vorigen Jahrhundert durch einen überdachten Gang mit diesem verbunden. Der Sakralbau, eine Saalkirche mit quergelagertem Westturm und eingezogenem Rechteckchor, stammt aus dem 13. Jahrhundert. Im Innern überwiegen Ausstattungsgegenstände aus dem 18. Jahrhundert. Eine erst 1895 entdeckte Familiengruft vor dem Altar gehörte der Familie von Trott, die um 1540 vom brandenburgischen Kurfürsten die Herrschaft Badingen als Lehen erhielt. Bis zum Aussterben der Badinger Linie derer von Trott vergrößerte sich der Besitz erheblich, denn es gelang den Schloßherren nach der Reformation, die säkularisierten Ländereien der Klöster Himmelpfort und Zehdenick als Pfandbesitz zu erwerben. Nach dem Tod des letzten von Trott zogen die Lan-

Die älteste bildliche Darstellung des Badinger Schlosses, ein Kupferstich von Merian, stammt aus dem Jahre 1652.

»Leben« kehrt hier vor allem in den Sommermonaten ein, wenn in den Schloßgemäuern Konzerte, Ausstellungen, Lesungen u. v. a. m. Gäste anlocken.

So reichte das Trottsche Anwesen von der mecklenburgischen Grenze bis zur Zehdenicker Region.

Die Schnelle Havel (links) und der Vosskanal

Kurz vor Krewelin geben zwei Brücken – die eine überspannt die Schnelle Havel, die andere den Vosskanal – reizvolle Blicke auf die Havellandschaft frei.

desherren das Lehen ein und wandelten es zum größten Domänenamt des preußischen Staates um.

Nur 4 km südöstlich von Badingen liegt das Dorf *Kleinmutz*, ein Abstecher, der sich vor allem wegen des 92 m hohen *Timpbergs* lohnt. Die leichten Anstrengungen beim Aufstieg werden mit einem wundervollen Blick auf die abwechslungsreiche Havellandschaft belohnt. Außerdem ist hier der im Jahre 1900 eingeweihte Bismarckturm zu besichtigen. Lohnenswert ist auch ein Ausflug zum südlich von Zehdenick gelegenen *Waldrevier »Exin«* – ein mit grünem Strich markiertes Wanderzeichen weist den Weg. Diese Wanderung führt wieder zur Havel, die sich hier in sanften Windungen durch die Landschaft schlängelt. Da die Schiffer jedoch mit den vielen »Havelkurven« ihre Mühe hatten, die Havel aber eine wichtige Transportader war, entschloß man sich zum Bau des *Vosskanals*. Dieser verläuft parallel zur Havel, allerdings in gerader, gestreckter Form und entstand in einer Rekordbauzeit von zwei Jahren zwischen 1880 und 1882. Im Vergleich zum Vosskanal erscheint die Schnelle Havel als gemütlich dahin plätschernder Fluß, der auf eine Frischwasserzufuhr der kleinen Nebenflüsse und Bäche angewiesen ist. Doch das eigentliche Havelwasser erweckt den Vosskanal ab Zehdenick erst zum Leben. Dennoch, das auf »Abwegen« wandelnde Havelwasser, das nach dem Vosskanal im *Malzer-* und nachfolgend im *Oder-Havel-Kanal* weiterfließt, und das »regenerierte« Havelwasser des natürlichen Flußbettes vereinen sich schließlich wieder, und das geschieht kurz vor den Toren von Oranienburg, der nächstgrößeren Havelstadt.

Vorgänger des Vosskanals und Gegenspieler der Schnellen Havel war einst die Faule Havel zwischen Zehdenick und Liebenwalde. Die Faule Havel wurde während der Errichtung des zweiten Finowkanals als Vossgraben ausgebaut.

Liebenwalde Zuvor legt das Havelwasser im märkischen Land allerdings noch einige Kilometer zurück. Dabei kommt es auch an Liebenwalde vorbei, das durch ein königliches *Gestüt*, gegründet von Friedrich Wilhelm II., Bekanntheit erreichte. Heute bietet der zum Hotel *»Preußischer Hof«* umgebaute Gebäudekomplex gediegenen Übernachtungskomfort einschließlich kulinarischer Genüsse. Das Städtchen selbst kann zwar keine besonders großartigen, aber dennoch beachtenswerte Sehenswürdigkeiten vorweisen, wie die unter Mitwirkung von K. F. Schinkel entstandene *Kirche* oder das aus dem 18. Jahrhundert stammende *Rathaus*. Bei einem Aufenthalt in Liebenwalde empfiehlt sich eine Wanderung (Markierung roter Strich) entlang des Malzer- und des Oder-Havel-Kanals durch die *Liebenwalder Heide*. In Friedrichsthal (Fähre) kann man sich entscheiden, ob man die Wanderung (orange Linie) in Richtung Schnelle Havel fortsetzt oder den kürzeren Weg entlang des Oder-Havel-Kanals wählt, der am Lehnitzsee vorbei ebenfalls zum selben Ziel führt, nach Oranienburg.

Ein schönes Naturerlebnis bietet die Wanderung von Liebenwalde zum Weißen See und dem Ort Böhmerheide. Im »Café am Weißen See« kann man sich u. a. mit Wildbraten in Rotweinsoße oder Fischfilet mit Mayonnaisensalat stärken.

Oranienburg Das Oranienburger Stadtzentrum kündigt die Nähe zur Hauptstadt bereits an – die Geschäftshäuser der Innenstadt erinnern an Berliner Vorbilder, rings um den S-Bahnhof herrscht zu Stoßzeiten hektische Betriebsamkeit. Am Ortsrand dehnen sich weite Gartensiedlungen aus, in denen sich in den wärmeren Jahreszeiten streßgeplagte Hauptstädter erholen. Vorreiter der vielen grünen Gärten war die bereits 1893 gegründete *Obstbausiedlung Eden*, die sich westlich des Stadtzentrums am Oranienburger Kanal erstreckt. Ihre Vereinsmitglieder hatten sich der vegetarischen Ernährungsweise verschrieben. Mit ihrem Engagement für Land und Gartenbau haben die Siedler aus Eden und die Namensgeberin der Stadt vieles gemeinsam. Luise Henriette aus dem Hause Nassau – Oranien, Gemahlin des Großen Kurfürsten Friedrich Wilhelm, erhielt von ihrem Mann im Jahre 1650 das Amt Bötzow. Sie ließ nicht nur das allseits bekannte Oranienburger Schloß errichten, sondern auch eine Musterwirtschaft aufbauen. Nach Vorbildern ihrer holländischen Heimat entwickelten sich eine Schäferei, eine Brauerei und eine Molkenwirtschaft recht erfolgreich.

Die Obstbaukolonie Eden belieferte den Markt mit Obstsäften und Marmeladen. Und auch die erste pflanzliche Margarine überhaupt entstand als »Edener Reformbutter«.

Das *Schloß*, von den niederländischen Baumeistern J. G. Memhardt und M. M. Smids errichtet, wurde in den Jahren 1688 bis 1709 unter Leitung von J. A. Nehring und M. Grünberg barock umgebaut. Nachdem durch militärische Nutzung jahrelang keine Besichtigung möglich war, ist nun der Blick in das Innere der Dreiflügelanlage gestattet, wobei sich auch der Rekonstruktionsbedarf zeigt.

Auf den langen Gängen des von Verwaltungsbehörden genutzten Gebäudes informiert eine Ausstellung über viele Details der Baugeschichte.

Nahe dem Schloß, in der Breiten Straße, befindet sich das einstige kurfürstliche Amtshauptmannhaus, das 1675 erbaut wurde. Heute beherbergt es das *Kreismuseum*, dessen besonderer »Glanzpunkt« der Gartensaal mit seiner reichen Stuckdecke und einem Fayenceofen in Blaumalerei Delfter Art ist. Die enge Verbindung zwischen dem damaligen Brandenburg und der Heimat der Kurfürstin Henriette verdeutlicht u. a. die Ausstellung zum Kunsthandwerk des 17. und 18. Jahrhunderts. Interessantes vermittelt das Museum zudem über Leben und Werk des Chemikers F. F. Runge. Seine Forschungen, u. a. die Entdeckung des Anilin, ebneten den Weg für die Entwicklung der chemischen Industrie

Das Oranienburger Schloß

in Oranienburg. Chemische wie auch Rüstungsbetriebe ließen die Stadt während des Zweiten Weltkrieges zu einem bevorzugten Angriffsziel alliierter Bomber werden. Die dadurch ins Stadtbild geschlagenen »Narben« sind leider heute noch deutlich zu erkennen. Meldungen über Bombenfunde aus jenen Jahren gehören in unseren Tagen noch immer zum Alltag. Doch sollte die nicht geringe Zerstörung der Stadt im letzten Krieg nicht das dunkelste Kapitel der Stadtgeschichte sein.

Die Entdeckung des Anilin gelang Runge 1833 im Oranienburger Schloß. Hier war von 1814 bis 1848 die »Chemische Produktionsfabrik Oranienburg« untergebracht.

Mahn- und Gedenkstätte Sachsenhausen Im Ortsteil Sachsenhausen betrieben SS-Schergen im Namen der nationalsozialistischen Ideologie im gleichnamigen Konzentrationslager eine Todesmaschinerie zur Massenvernichtung von Menschen. Leider bedienten sich auch diejenigen, die

Gegenwärtig können hier die Besucher die neugestalteten Ausstellungen »Juden im KZ-Sachsenhausen 1936–1945«, »Die Fälscherwerkstatt« und die »Enzyklopädie der Judenfeindschaften« besichtigen.

als Befreier kamen, der gleichen Anlage, um im »Speziallager Nr. 7« nach Kriegsende insgesamt 40–60 000 Menschen zu internieren. Unterernährung und Krankheiten bedeuteten den Tod für viele Lagerinsassen. Ihre sterblichen Überreste liegen in einem Massengrab im Wald von Schmachtenhagen, das kurz nach der politischen Wende in der DDR entdeckt wurde. Ein am 17. August 1991 enthüllter Gedenkstein an diesem Grab erinnert seitdem auch an die Opfer des vom sowjetischen Geheimdienst NKDW von 1945–1950 betriebenen Internierungslagers. Die Mahn- und Gedenkstätte liegt ca. 1 km westlich des Oder-Havel-Kanals und kann vom Oranienburger Stadtzentrum über die Bernauer Straße, die Straße der Einheit und die Straße der Nationen erreicht werden.

Die Stadt ist mit dem *Oranienburger Kanal*, der *Havel* selbst, dem *Oder-Havel-Kanal* sowie mit dem ins Rhinluch abzweigenden *Ruppiner Kanal* ein wahrer Knotenpunkt von Wasserstraßen. Grund genug, von Oranienburg aus den beiden letzgenannten ein Stück weit zu folgen. Der Oranienburger Kanal ist im Vergleich zu diesen beiden nur eine kurze Wasserstraße. Sie verläuft im westlichen Stadtgebiet von Oranienburg und vereinigt sich am Haveleck in Borgsdorf mit dem Oder-Havel-Kanal.

Der besondere Tip:

»Gaudi« auf den Zehdenicker Festwiesen

Ein kultureller Höhepunkt in Zehdenick lockt neuerdings im September jeden Jahres Einheimische wie Gäste an: die Havelfestspiele auf den Festwiesen. Zu erleben sind vielseitige Programme, für jeden Geschmack etwas – Musikveranstaltungen, Frühschoppen, Tombolas, Modenschau, Puppentheater, Pferdesportprogramme u. v. a. m. Publikumsmagnet war 1993 beispielsweise eine Mini-Play-Backshow, die ihrem TV-Vorbild durchaus das (Havel-) Wasser reichen konnte.

Die Havel auf »Abwegen«

Eberswalder Urstromtal · Finowkanal · Oder-Havel-Kanal · Eberswalde

Anreise:
mit dem Auto *von Berlin über die A 11 oder B 2 bis Eberswalde bzw. weiter entsprechend nächstgewähltem Reiseziel*
mit der Bahn *bis Eberswalde und Weiterfahrt vom nahegelegenen Busbahnhof zu weiteren Reisezielen*

Das Schiffshebewerk in Niederfinow

Eigentlich sorgt die Natur dafür, daß es klare und deutliche Abgrenzungen zwischen Einzugsgebieten von Flüssen gibt, so auch zwischen Havel und Oder. Doch haben wir Menschen oft Bedürfnisse, die die Natur nicht erfüllen kann. So entstehen u. a. für den schnelleren Transport der Güter künstliche Wasserstraßen. Diese Kanalbauten verändern das Flußregime oftmals nicht unerheblich. Ein Paradebeispiel sind die im Eberswalder Urstromtal errichteten Kanäle, die seit nunmehr 400 Jahren eine Verbindung zwischen Havel und Oder herstellen und die natürlichen Grenzen verschwinden lassen. Doch schauen wir noch weiter zurück – einige tausend Jahre! Während der letzten Eiszeit gab es im *Eberswalder Urstromtal* noch keine Einzugsgebietsgrenzen von Havel und Oder. Damals war dieses Tal eine riesige Abflußbahn für die Schmelzwässer der sich nach Norden zurückziehenden, abtauenden Gletscher. Das Wasser floß in Richtung Westen zum Vorgänger der heutigen Nordsee ab. Bis zum Ende der Eiszeit vor etwa 10 000 Jahren verschütteten Sander nach und nach die mächtige Abflußrinne, eine Wasserscheide zwischen junger Oder und Havel bildete sich heraus. Während die Oder ihren »Wassernachschub« aus den Nebenflüssen (z. B. Finow) eines 20 km langen Einzugsgebietes bezog, mußte sich die Havel mit weniger zufrieden geben. Ihr östliches Einzugsgebiet im Eberswalder Urstromtal umfaßte nur 10 km und reichte etwa bis Zerpenschleuse.

Das Eberswalder Urstromtal erstreckt sich zwischen dem Bioshärenreservat Schorfheide-Chorin im Norden und dem Barnim im Süden und reicht im Westen bis zur Oberen Havel und im Osten bis zum Oderbruch.

Finowkanal Doch vor etwa 400 Jahren änderte sich die Situation erheblich. Eine kurfürstliche Order leitete 1603 den Bau des ersten Finowkanals ein, der 1620 fertiggestellt, aber im Dreißigjährigen Krieg bereits wieder zerstört wurde. Der weitsichtige Friedrich II. griff das Vorhaben einer Wasserstraße zwischen Havel und Oder erneut auf. So ließ er zwischen 1743 und 1746 den zweiten Kanal errichten, drängte auf eine schnelle Fertigstellung. Welche Bedeutung er dieser Wasserstraße beimaß, kann man auch daran ersehen, daß er etwa

Durch die Zerstörung des ersten Finowkanals konnte das Havelwasser durch das ehemalige Kanalbett ungehindert zur Oder abfließen, bis ein Damm bei Zerpenschleuse der Havel bald diesen Weg versperrte.

600 Soldaten für deren Bau abkommandierte, obwohl er sich gerade mit Österreich im 2. Schlesischen Krieg um die Vorherrschaft in Mitteleuropa schlug. Beide Vorhaben gingen für den großen Preußenkönig zur vollsten Zufriedenheit aus, und am 16. Juni 1746 nahm das erste Schiff die Fahrt auf dem wiedereröffneten Finowkanal auf. Der Strom der Güter wuchs zunehmend an. Mit dem Ausbau des Finowkanals zwischen 1874 und 1885 versuchte man, dieser Entwicklung gerecht zu werden. Die Mühe blieb vergebens, mit Beginn des 20. Jahrhunderts war der Finowkanal im wahrsten Sinne des Wortes »verstopft«. Am östlichen Zugang zum Finowkanal wartete Floßholz bis zu fünf Jahren auf den Weitertransport.

Die östlichen Gebiete Preußens jenseits der Oder erhielten Salz, das aus den westlichen Landesteilen kam. Im Gegenzug lieferten die Wälder der Neumark Holz über Flüsse und Kanäle in andere Regionen des Landes.

Oder-Havel-Kanal Ein neuer Kanal mußte her, und dieser entstand in den Jahren 1906 bis 1914. Der deutsche Kaiser Wilhelm II. – höchstpersönlich – weihte das Bauwerk ein, das den Namen »Hohenzollernkanal« erhielt und uns heute als Oder-Havel-Kanal bekannt ist. Mit dem Bau des »Schiffahrstuhls« am östlichen Kanalende, dem *Schiffshebewerk Niederfinow*, fiel zwischen 1927 und 1934 schließlich auch die letzte Hürde für einen schnellen Transport zu Wasser. Das stählerne Monumentalwerk löste die bis dahin bestehende vierstufige Schleusentreppe ab.

Wie ein Ungetüm erhebt sich das 60 m hohe, 94 m lange und 27 m breite märkische Wunder am Rande des Oderbruchs. Fast 14 000 t Stahl wurden verbaut, rund 20 m tiefe Betonpfeiler reichen in die Erde, damit der Koloß nicht auf »tönernen Füßen« steht. Doch nicht nur die Bauwerksdaten sind verblüffend, ebenso das Leistungsvermögen des Hebewerks. Zur Überwindung des Höhenunterschiedes von 36 m zwischen dem Oder-Havel-Kanal und der Schiffahrtsstraße im Oderbruch wird ein 4 300 t schwerer, 85 m langer und 12 m breiter Trog eingesetzt. Dieser vermag in wenigen Minuten Schiffe bis zu einer Länge von 80 m und einer Tragfähigkeit bis zu 1 000 t zu heben und zu sen-

Täglich können bis zu 30 Schiffe das Hebewerk passieren.

Der Oder-Havel-Kanal bei Niederfinow

Die Ausbaupläne des Oder-Havel-Kanals sehen auch die Errichtung eines weiteren Schiffshebewerkes vor, das Schiffe bis zu einer Länge von 110 m und einem Gewicht bis 1 500 t heben und senken kann.

ken. Zugleich bilden die oberen Schleusentore das Ende des Oder-Havel-Kanals, quasi den östlichsten Punkt der bis hierher künstlich verlängerten Havel. Denn lebensfähig ist der Kanal nur durch das über den Vosskanal eingeleitete Havelwasser. Fatal wären undichte Schleusentore am Schiffshebewerk, da das Havelwasser auf Nimmerwiedersehen in der Oder verschwinden würde. Aber auch für diesen Fall ist gesorgt – Sicherheitstore, verteilt über den gesamten Oder-Havel-Kanal, lassen sich bei Bedarf binnen kürzester Frist schließen.

Eberswalde Trotz des im Oder-Havel-Kanal in Übermengen vorhandenen Havelwassers wäre es verwegen, zu behaupten, Eberswalde sei eine

Havelstadt. Hier war es die Finow, die von Anfang an den Lebensrythmus der Stadt bestimmte. Bereits die Ortsgründung hängt eng mit dem Fließgewässer zusammen, eine leicht zu passierende Furt durch die *Finow* gab den Anlaß, Anfang des 13. Jahrhunderts eine Burg zu errichten. Schon bald entwickelte sich in ihrem Schutze eine Marktsiedlung, die sich im Bereich der heutigen Altstadt rund um die *Maria-Magdalenen-Kirche* ausdehnte. Der Sakralbau ist, wenn auch in späteren Jahrhunderten baulich stark verändert, ein Zeugnis aus den ersten Tagen der Stadt. Das älteste und zugleich wertvollste Stück der Kirche befindet sich im Innern, ein bronzenes Taufbecken aus der zweiten Hälfte des 13. Jahrhunderts, gestiftet von Markgraf Johann II. Sehenswert sind auch der im Jahre 1606 aufgestellte Holzaltar, ein Beispiel für eine brandenburgische Arbeit aus der Zeit des Übergangs vom Renaissance- zum Barockstil. Am Haupt- und Nordportal entdeckt der aufmerksame Betrachter figürliche Darstellungen, die Szenen aus der biblischen Geschichte wiedergeben.

Nach der Finow wurde im Jahre 1845 das kleinste deutsche Finowmaßschiff benannt. Es durfte nicht länger als 40,17 m und nicht breiter als 4,55 m sein.

Die große Barbara-Glocke kann heute in der Goethestraße besichtigt werden. Wegen eines Sprungs mußte sie aus der Kirche entfernt werden.

Nur wenige Meter vom Hauptportal der Kirche entfernt präsentiert das *Stadt- und Kreismuseum* Eberswalde ein informative Austellung zur Geschichte von Stadt und Region. Vom spektakulärsten Exponat, dem legendären Goldschatz, werden derzeit leider nur Nachbildungen gezeigt. Im Jahre 1913 stieß man bei Ausschachtungsarbeiten im Stadtgebiet auf ein Tongefäß, in dem sich 81 Gegenstände aus purem Gold mit einem Gesamtgewicht von 2,6 kg befanden. Dieser einmalige Fund wird einer frühgeschichtlichen Siedlung aus der Bronzezeit zugerechnet. In den Wirren der letzten Tage des Zweiten Weltkrieges verschwand der Goldschatz. Alle Hinweise deuten darauf hin, daß er nach Rußland gebracht wurde. Die Zukunft wird zeigen, ob jene Kulturzeugnisse der Ur-Eberswalder eines Tages zurückkehren. Ebenso erinnert das Museum an eine geschichtliche Begebenheit, die Eberswalde im Jahr 1923 an der großen Politik

Im Kreismuseum wird u. a. das älteste Stadtwappen aufbewahrt. Es zeigt zwei Eber, einen Baum und den Brandenburgischen Adler. Letzterer wurde allerdings nach 1945 aus dem Stadtwappen verbannt.

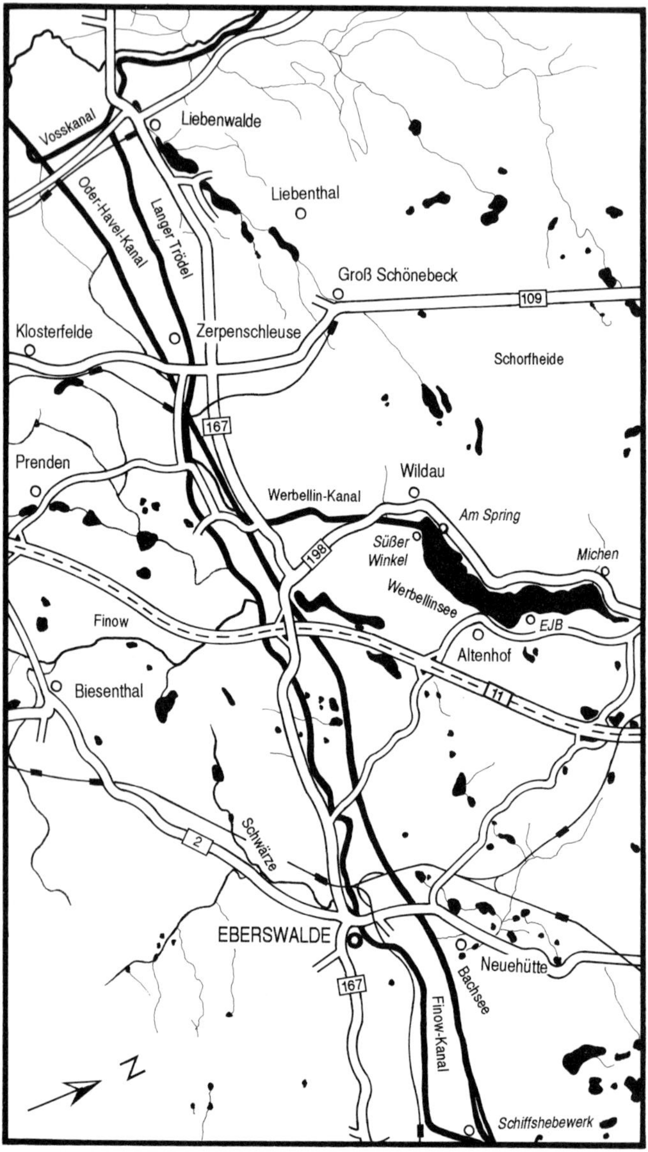
Vosskanal
Liebenwalde
Liebenthal
Oder-Havel-Kanal
Langer Trödel
Groß Schönebeck
109
Prenzlau
Klosterfelde
Zerpenschleuse
Schorfheide
167
Prenden
Wildau
Werbellin-Kanal
Am Spring
Berlin
Süßer Winkel
198
Michen
Werbellinsee
Finow
EJB
Altenhof
Biesenthal
11
Schwärze
2
EBERSWALDE
Neuehütte
167
Bachsee
Finow-Kanal
N
Schiffshebewerk

teilhaben ließ. Seit 1909 besaß die Finowstadt eine Versuchsstelle für Telegraphenbau, von hier aus ging einst das erste drahtlose Konzert in den Äther. Im Jahr 1923 berichtete der Eberswalder Sender auch über den Ruhrkonflikt, an dem Frankreich beteiligt war. Paris zeigte sich über das, was Eberswalde »ausstrahlte«, nicht entzückt. Der große Eiffelturm störte daraufhin den kleinen Konkurrenten aus der Mark. Glücklicherweise blieb es bei diesem »... Krieg, der in den Lüften ausgetragen ...« wurde (Berliner Lokalanzeiger). Der Ruhm von Eberswalde als Sitz einer Rundfunksendeanstalt endete jedoch kurze Zeit später. Bald beherrschten jene von Nauen und Königs Wusterhausen das »Revier« und machten dem einstigen »Schrittmacher« des deutschen Rundfunks den Garaus.

Bibliothek, Zeitungsarchiv und Fotothek des Museums bieten zudem vielfältige Informationsmöglichkeiten zum Gebiet des Oberbarnim.

Weitaus größer und anhaltender sollten die Lorbeeren sein, die Eberswalde als Stadt der Forstwissenschaften erntete. Der 1821 in Berlin gegründeten Forstakademie mangelte es in der Großstadt an der Nähe zu ihrem wichtigsten Forschunggegenstand – den Wäldern. Ein neuer Standort war gefragt. Die ausgedehnten Wälder in der Umgebung Eberswaldes bürgten für ausreichend »Lehr- und Forschungspotential«, und so geschah es, daß die Akademie im Jahre 1830 ihr neues Domizil im einstigen Wohnhaus des Bankiers Schickler in Eberswalde bezog. Das mittlerweile fast 200 Jahre alte Gebäude, bekannt als *»Alte Forstakademie«*, erhielt vor kurzem eine »Auffrischungskur«, und eine neu gestaltete Ausstellung wird über die Entwicklung der Eberswalder Forstwissenschaft informieren. Gleich in unmittelbarer Nähe entstand zwischen 1874 und 1876 das Gebäude der *»Neuen Forstakademie«*. In dem roten Backsteinbau zeigt das Deutsche Entomologische Institut seit 1992 die Ausstellung *»Insekten – Faszination in Sammlung, Natur und Buchkunst«*, eine Exposition, die hält, was der Name schon verspricht. Vorgestellt werden kostbare Buchbestände, darunter handkolorierte Originalausgaben verschiedenster Autoren des

Bereits 1828 begann die Suche nach einem geeigneteren Standort für die Forstakademie. Neben Eberswalde zog man auch Schwedt und Wittenberg in die nähere Auswahl.

Auch die Entstehung der forstwissenschaftlichen Lehre in Preußen ab 1770 wird ein Schwerpunkt der Ausstellung sein.

Die Alte Forstakademie in Eberswalde

Auch Computerspiele, deren Programme sich auf diese oder jene Weise dem Thema der Insekten widmen, können durch Besucher genutzt werden.

1886 in Berlin gegründeten und seit 1963 in Eberswalde ansässigen Instituts. Für eine leichte Gänsehaut sorgen verschiedene Insektarien mit sehr munterem kriechendem, springendem oder hüpfendem Getier. In den Sommermonaten kann man beispielsweise den Hornissen sehr nahe kommen. Aber keine Angst! Eine dicke Glasscheibe trennt den Betrachter von den Insekten, und wir können deshalb ganz mutig einen tiefen Blick in ihr Nest wagen. Ein Spiegel ermöglicht es, das emsige Treiben genauer zu beobachten.

Einen weiteren Gehölzgarten legten die Eberswalder »Grünrocke« 1861 unmittelbar neben dem Kloster Chorin an. Die »Nachfahren« des

Einem »Augenschmaus« ganz anderer Art begegnen wir am südwestlichen Stadtrand von Eberswalde. Hier, im Schwärzetal, befindet sich der *Forstbotanische Garten* von Eberswalde, eine der ältesten Gartenanlagen dieser Art in der Welt. Insgesamt 1100 einheimische und fremdländische Gehölzarten sind hier vertreten. Vielfältige Spezialabteilungen wie der anmutige Steingarten, Staudenbeete, ein Wurzellaboratorium, Kräutergarten und Heckenquartier ziehen den Blick auf sich. Der berühmte Dengler-Versuchsgarten wartet mit den ersten Kreuzungen von Waldbäumen auf, die Professor G. Dengler im ersten Drittel dieses Jahrhunderts vornahm. Aber auch die ursprüngliche Natur kommt hier nicht zu kurz. Im *Schwärzetal* gehören wildwachsende Krautpflanzen wie Gelbe Anemonen, Leberblümchen und Schuppenwurz sowie Riesen-Schachtelhalme auf dem Quellmoor dazu. In Kürze wird ein geologischer Lehrpfad mit Findlingen aus der letzten Eiszeit die Attraktivität des Forstbotanischen Gartens weiter erhöhen.

bis 1930 bestehenden Gartens haben sich allmählich auf dem gegenüberliegenden Weinberg ausgebreitet, wo sich heute ein Forstlehrpfad befindet.

Das Schwärzetal mit seinen naturnahen Wäldern wurde bereits 1977 zum Landschaftsschutzgebiet erklärt.

Freunde von Tiergärten erreichen innerhalb von 10 min Fußweg den ebenfalls im Schwärzetral gelegenen *Tierpark* Eberswalde. Mit etwa 1 000 Tieren in 115 Arten weist der Park einen beachtlichen Tierbestand auf, darunter einige bereits vom Aussterben bedrohte Arten. Für die erfolgreiche Zuchtarbeit des Tierparks sprechen außerdem etwa 300 Jungtiere, die hier jährlich das Licht der Welt erblicken. Ein Vorteil der Eberswalder Anlage ist ihre Einbindung in den Mischwald des Schwärzetals. So kann man u. a. in einem 2 ha großen Gehege Damwild in natürlicher Umgebung beobachten. Streichelzoo, Ponyreiten oder die am Wochenende angebotenen Kutschfahrten zählen zu den weiteren Attraktionen des Tierparks. Stärken kann man sich in der Gaststätte »Zum Wisent« oder im Terrassen-Café.

Eine weitere Natur- und Freizeitoase liegt jenseits des Oder-Havel-Kanals. Der ca. 5 km vom Eberswalder Stadtzentrum entfernte *Bachsee* war schon zu Beginn dieses Jahrhunderts ein Begriff für Sommerfrischler. Um seine idyllische Lage rankt sich so manche romantische Geschichte. Eine berichtet von der leidenschaftlichen Liebe zwischen einer Wassernixe und einem Müllergesellen, die durch die Eifersucht der Müllerstochter unerfüllt blieb. Liebespaare, die sich heute am

Einst führten sogenannte Treidelwege am Oder-Havel-Kanal entlang. Heute sind es oft sehr idyllische Wanderwege. Auch in Eberswalde lädt einer dieser ehemaligen Treidelwege zu Ausflügen »auf Schusters Rappen« ein.

Bachsee einfinden, haben es seitdem schwer, stört sie doch ein tiefes Schluchzen und Klagen aus den Tiefen des Sees – das Weinen der Wassernixe Gude.

Das Schwärzetal und der Bachsee gehören zu jenen wundervollen Landschaften in unmittelbarer Umgebung Eberswaldes, von denen der Tourismus der Stadt fraglos profitiert. Ihre Anziehung wird nur noch von der Schorfheide übertroffen, die ebenfalls vor den Toren der Stadt beginnt.

Die Schorfheide kann über den Oder-Havel-Kanal und den Werbellinkanal auch auf dem Wasserwege erreicht werden.

Vom Eberswalder Urstromtal kehren wir jetzt zum Havelhauptarm zurück, von dem wir uns in Oranienburg abgewendet hatten. Doch wird es nicht der letzte Abstecher gewesen sein, zu dem uns die zahlreichen »Verbindungen« der Havel, verführen.

Der besondere Tip:

Die Havel aus der Vogelperspektive

Die Havel zu erkunden, dafür gibt es zu Lande und auf dem Wasser viele reizvolle Varianten. Doch auch wer dem Flußlauf hoch über den Wolken folgen will, hat dazu Gelegenheit. Der Start in die Lüfte ist vom Flugplatz Finow in Eberswalde möglich. Der hier ansässige »Brandenburger Flugdienst« unternimmt an den Wochenenden Rundflüge (2,50 DM/Person/Minute), die uns Havellandschaft und angrenzende Gebiete aus der Vogelperspektive erleben lassen. Wieder sicheren Boden unter den Füßen, empfiehlt sich eine Besichtigung der im Aufbau befindlichen Luftfahrthistorischen Sammlung mit ihren 14 Originalflugzeugen; geöffnet: Do–So 10–17 Uhr, ☎ (0 33 35) 72 33.

»Gebändigte Wasser und Inseln«

Schwanter Forst · Vehlefanz · Kremmen · Rhinluch · Fehrbellin · Wustrau · Karwe · Radensleben · Neuruppin

Anreise:
mit dem Auto *von Berlin über die B 96 bis Oranienburg, von hier über die Landstraße oder die B 273 in Richtung Kremmen und weiter entsprechend nächstgewähltem Reiseziel*
mit der Bahn *nach Hennigsdorf und von dort weiter Richtung Kremmen/Neuruppin*

Blick nach Neuruppin

Und wieder begeben wir uns auf »(Havel-) Abwege«. Dieses Mal folgen wir vom nördlichen Ortsausgang Oranienburgs (Ortsteil Sachsenhausen) dem kleinen Ruppiner Kanal, einem der so zahlreichen natürlichen und künstlichen Wasserwege beiderseits der Havel. Entlang dieses Kanals und dem sich anschließenden Rhin lernen wir einen Brandenburger Landstrich mit eigentümlichen Kontrasten und besonderem Charme kennen. Vor allem das sich nach Norden anschließende Gebiet, das *Ruppiner Land*, wurde von der Natur um vieles reicher bedacht als andere Regionen der Mark. Die Vielfalt überrascht immer neu. Im Rhinluch erwarten uns weite, teilweise versumpfte Flächen, eine Einfachheit und Menschenleere, die oft melancholisch anmutet. Um Neuruppin und Rheinsberg sind es dagegen Seen und Wälder, die im Raum zwischen Oder und Elbe ihresgleichen suchen. Und die »Berge« der Ruppiner Schweiz begeistern nicht nur Wanderfreunde.

Die Landschaft wurde während der letzten Eiszeit geformt. So entstanden z. B. die Endmoränen, die heute eine Reihe von Hügelketten bilden, und die weiten Urstromtäler, die einst das Gebiet zur Nordsee entwässerten.

Schwanter Forst Zunächst führt uns die Landstraße parallel dem Ruppiner Kanal nach Sommerfeld. Kurz vor dem Ortseingang biegt in der Siedlung Johannisthal eine Straße in das Waldgebiet des Schwanter Forstes ab. Folgt man der Waldstraße, erlebt man bald eine Überraschung – vor uns, inmitten des Waldes, erheben sich plötzlich der »Reichstag« und das »Rote Rathaus«. Natürlich nicht die Originale, aber Nachbildungen in Kleinformat. Hinter Kiefern versteckt sich der *»Reichstag«* mit seinen vier gedrungenen Türmen, heute ohne Kuppel wie das Original. Das *»Rote Rathaus«*, genau wie sein Vorbild aus roten Ziegeln errichtet, reckt sich über die Baumwipfel. Weshalb die Häuser entstanden, wird wohl nie jemand erfahren. Dieses Geheimnis nahm der Erbauer R. Sommer, Gutsbesitzer und Millionenerbe, 1919 mit ins Grab. Aber noch heute ranken sich skurrile Geschichten um die Häuser im Wald und um ihren Erbauer. Das Geld für diese »Spielerei« stamme aus dem angeblich erzwungenen Verkauf des Grund

Das »Rote Rathaus« diente einst als Pferdestall und beherbergte sechs »Araber«, die der Besitzer bei seinen Ausfahrten anspannen ließ.

Windmühle bei Vehlefanz

und Bodens, auf dem der »richtige« Reichstag errichtet wurde. Das Pendant in Sommerswalde entstand etwa zur selben Zeit wie das große Vorbild um 1894. Dabei war Sommer eigentlich kein verschrobener Sonderling, aber einem kleinen Spleen hat er wohl nachgegeben. Die Pläne für die Bauten soll er selbst erstellt haben. Die Vermutung liegt nahe, daß er sich seine Traumwelt schuf in Erinnerung an den väterlichen Besitz im Herzen Berlins. Ein anderes Motiv könnte der Protest gegen den erzwungenen Verkauf gewesen. Die *»Moschee«*, das dritte Gebäude, wurde der deutschen Botschaft in Neu-Delhi nachempfunden und diente als Orangerie. Verfall und Umbauten begannen bereits in den 30er Jahren und setzten sich unter der russischen Besatzungsmacht, die die Häuser nutzte, fort. Trotz allem, der Schwanter Forst bietet ein besonderes Kuriosum.

Ärgerlich über die preußische Regierung, bat Sommer angeblich im Finanzministerium um Erlaubnis, die Auffahrt seines Reichstages mit Golddukaten zu pflastern. Er erhielt positiven Bescheid – aber mit der Bedingung, daß die Goldstücke senkrecht in die Erde gesetzt würden. Er verzichtete.

Vehlefanz Kaum 3 km weiter südlich liegt der Ort Vehlefanz, eines jener Bauerndörfer mit etwas seltsamem Namen, wie auch Bärenklau oder Verlorenort. Vehlefanz, heute im »Speckgürtel« Berlins gelegen, wie der »Bauboom« und wachsende Zuzug stadtmüder Hauptstädter belegt, hat seit ca. 3 Jahren ein *Mühlenmuseum*. In mehrjähriger Arbeit wurde die alte *Bockwindmühle* wieder hergerichtet. Die Flügel weisen sogar Gatter für Segelbespannung auf, wie sie in Holland und Norddeutschland üblich war. Als romantisches Relikt der vorindustriellen Zeit, umgeben von weiten Wiesen, grüßt sie uns von einer kleinen Anhöhe.

Heute existieren in Brandenburg noch fast 100 der ursprünglich nach Tausenden zählenden Mühlen. Etwa 10 davon sind gut erhalten, wie die in Vehlefanz.

Kremmen Von Vehlefanz über Schwante nehmen wir den weiteren Weg nach Kremmen, wo der *Ruppiner Kanal* in den *Kremmener Rhin* übergeht. Kremmen gehört zu den vielen Ackerbürgerstädtchen Brandenburgs. Um den Marktplatz blieb viel historische Bausubstanz erhalten. Das mag wohl daran liegen, daß es nie bedeutende Industrie gab, der Ort relativ weit vom Einfluß Berlins entfernt lag und somit jene Provinzialität, ja Rückständigkeit behielt, die Nostalgiker heute ins Schwärmen bringt. Nicht alles zeigt sich in gutem Zustand, aber die schöne *Pfarrkirche St. Nikolai* aus dem 15. bzw. 17. Jahrhundert und das spätklassizistische *Rathaus* (1840) sind durchaus sehenswert. Die Kirche ist ein typischer Backsteinbau, mit seitlichen Verzierungen und hohem Turm. Beim Gang um das Gebäude fallen zugemauerte, kleinere Fenster auf, die vom Ursprungsbau aus dem 15. Jahrhundert stammen (zum Teil noch mit Feldsteinen).

Kremmen ist der einzige nördliche Zugang, der durch das Rhinluch zum Glin (Hochfläche) führt.

Rhinluch Schon kurz vor den Toren der Kleinstadt wechselt die Landschaft ihren Charakter, wir befinden uns – weiter dem Kremmener Rhin aufwärts – in einem landschaftlich besonderen Gebiet, dem Luch. Unberührte, weite Natur, deren Kräfte nach festen, gleichmäßigen Regeln wirken. Im März überschwemmt Schmelzwasser die Wiesen. Mit dem Aufblühen der bunten Wiesenlandschaft kehren die Zugvögel aus dem Süden zurück. Im

Fontane fiel beim Anblick des Luchs eine Lenau-Gedicht ein: »Es schien das Abendrot auf diese Sumpf gewordene Urwaldstätte. Wo ungestört das

Sommer hebt sich das Grün der Weiden und Erlen vom Horizont ab. Störche und Kraniche finden ungestörten Lebensraum. Im Herbst kann man die Scharen der tieffliegenden Gänse am Himmel beobachten, ehe das Weiß des Winters Wiesen und Sumpf bedeckt. Hier scheint noch die Natur das Maß aller Dinge zu sein. Und doch hat der Mensch versucht, das *Moor- und Sumpfgebiet* seit zwei Jahrhunderten zu »bezwingen« und das uralte Relikt der Nacheiszeit zu verändern. Der Erfolg war meist nur zeitweilig und mäßig. Friedrich Wilhelm I. begann mit der »Eroberung« im Jahre 1718 per Kabinettsorder. Torfgräber nahmen die Arbeit auf, der Rhinkanal und andere Wasserwege wurden errichtet, u. a. um den Torf als Heizmaterial nach Berlin und Potsdam zu transportieren. Auch Friedrich II. setzte die Entwicklung fort, häufig suchte er höchstpersönlich die Luchgebiete auf, um sich über den Fortgang der Regulierungsarbeiten ein Bild zu machen. Doch das Luch erwehrte sich der zivilisatorischen Bemühungen durch erneute Versumpfung oder Austrocknung des Bodens. Alte Chroniken belegen es, so schnell wie die Siedler kamen, so schnell verschwanden sie wieder. Das Gebiet des Rhin- und Havelländischen Luchs verzeichnete den höchsten Wüstungsprozeß in Deutschland (im 18. Jahrhundert). Kolonien und Vorwerke, die es in Hülle und Fülle gab, lagen bald verlassen da – »Moor bleibt Moor und dem Menschen nur die Hoffnung.« – Geblieben ist das Gleichmaß der Natur, auffallende Stille und Ursprünglichkeit, und ist das nicht viel in der technischen Welt von heute, wo die Natur überall den Menschen untertan ist? Bussarde, Reiher, Kraniche, Störche, Raben und Kiebitze leben in den Wipfeln der Erlen und Weiden und in den Wiesen. Hechte, Plötzen und Barsche bevölkern die Gewässer. Um all diese Reize der Landschaft wahrzunehmen, müssen wir uns Zeit lassen. Zu Fuß, per Rad, aber sogar mit dem Auto ist eine Entdeckungsreise möglich. Am besten man biegt einfach an einem

Leben mit dem Tod jahrtausendlang gekämpft um die Wette.« – eine auch heute noch gültige Zustandsbeschreibung.

Auch Hitlers Reichsarbeitsdienst und Ulbrichts Jugendbrigaden versuchten in den 30er und 60er Jahren durch Großeinsätze das Luch zu zähmen.

Das Rhinluch ist Teil des Eberswalder Urstromtals, das einst die Schmelzwässer der abtauenden Gletscher aufnahm. Das Luch nimmt den westliche Abschnitt des Urstromtales ein.

der vielen kleinen Wege ab, die von den Landstraßen zwischen Kremmen und Fehrbellin bzw. Wustrau abzweigen. Quer durch die Luchlandschaft stößt man irgendwann auf kleine Anwesen – Dörfer wäre zuviel gesagt. Oft nur wenige, kleine einstöckige Häuser stehen in einigem Abstand voneinander. Manchmal verliert sich der Weg auch im Nichts: – Sackgasse. Man nimmt dann den gleichen einsamen Weg zurück. Linumhorst, Wall, Papstthum sind Beispiele für jene Siedlungen – die Häuser aus Fachwerk, die Außenwand mit Backstein verfüllt, die Scheunen Flechtwerk aus Ruten, Stroh und Lehm, efeubewachsene Bäume am Ortseingang und hier und da Storchennester. Und keine Autostunde entfernt Berlin – gibt es Gegensätzlicheres?

Der Schutz der Störche zeigt in Brandenburg bereits erste Erfolge. So gibt es gegenwärtig schon wieder einige hundert Weißstorchenpaare, und die Tendenz ist steigend.

Störche gehören von jeher zum Landschaftsbild dieses Feuchtgebietes. Besonders viele Storchennester entdecken wir in *Linum*, einem kleinen Dorf nahe der Autobahn – auf der Apsis der neugotischen Kirche, auf Scheunen und auf speziell aufgestellten »Storchenmasten« mit Wagenrädern obenauf finden sich alljährlich wohl an die 20 Storchenpaare ein. Die Linumer gestatten Meister Adebar auch manchen »Schandfleck«, wie »weiß« bekleckste Dächer und sind stolz auf den Beinamen ihres Dorfes – Storchendorf.

Fehrbellin Nachdem wir bis jetzt dem Ruppiner Kanal und dem Kremmener Rhin gefolgt sind, beginnt nun bei Linumhorst der eigentliche Rhinfluß. Seenartig erweitert entspringt dieser bei Rheinsberg, nahe der Mecklenburgischen »Grenze« und fließt über Neuruppin und Wustrau ab Linumhorst nach Westen. An dem Alten Rhin liegt das Ackerbürgerstädtchen Fehrbellin. Kleine Häuser mit hölzernen Toreinfahrten, Gänse hinter den Häusern, Weiden am Flüßchen prägen das nicht ungewöhnliche Bild. Nennenswerte Sehenswürdigkeiten gibt es nicht, trotzdem ist der Name des Dorfes in Brandenburg weithin bekannt – wegen eines historischen Ereignisses – der Schlacht bei Fehrbellin.

Das markanteste Gebäude ist die neugotische Backsteinkirche von 1867 nach Plänen von F. A. Stüler.

Aber eigentlich hat hier gar keine Schlacht stattgefunden, sondern im ca. 6 km südlich liegenden Hakenberg. Doch *Hakenberg*, noch kleiner als Fehrbellin, war den Historikern als Kriegsschauplatz wohl zu bescheiden. Man schrieb das Jahr 1675, als die brandenburgische Armee hier die Schweden angriff, da diese über den Rhin setzten. Vermutlich handelte es sich nur um die Nachhut der Schweden, doch in den Geschichtsbüchern wurde aus dem »Scharmützel am Hakenberg« die »Schlacht bei Fehrbellin«. Und Kurfürst Friedrich Wilhelm I. konnte sich fortan der »Große Kurfürst« nennen, um sich gebührend von seinen Ahnen abzuheben. Ein 34 m hoher Turm, obenauf eine Siegessäule mit der schwergewichtigen Siegesgöttin Viktoria – 30 Zentner – erinnert daran. Das *»Waldhaus am Denkmal«*, eine urgemütliche Gaststätte, steht also auf historischen Boden. Der Chef des »Waldhauses« erweist sich nicht nur als vorzüglicher Koch, sondern auch als sach- und fachkundiger Historiker. So erzählt er seinen Gästen amüsante Geschichten um das legendäre Gefecht vor über 300 Jahren. In rustikaler Atmosphäre, beim Glimmen der Buchenscheite im Kamin, wird dieser Ausflug auch zur kalten Jahreszeit zum schönen Erlebnis. Der Aufstieg über die 114 Stufen hinauf zur Turmspitze hilft nach dem Essen, ein paar Kalorien wieder abzubauen. Weit reicht der Blick über das ebene Luchland, dessen Ausdehnung man hier erst richtig wahrnimmt. Wieder auf der Erde, folgen wir der schnurgeraden Chaussee zu einem weiteren *Denkmal der Schlacht*, ein Postament mit Gedenkvase und vier aus der Erde ragenden Kanonenrohren. Lohnend ist ebenfalls ein Spaziergang zu den keine 30 min entfernten *Linumer Teichen*, wo Fischer Räucherwaren verkaufen.

Wustrau Von Fehrbellin folgen wir in nordöstlicher Richtung weiterhin den Spuren der brandenburgisch-preußischen Geschichte, denn unsere nächsten Ziele haben ebenfalls viel damit zu tun. Mit Wustrau, am Südende des *Ruppiner Sees*,

Beim Sieg des Kurfürsten hatte maßgeblich die Reiterei seines angeheirateten Cousin Friedrich Wilhelm von Homburg beigetragen, der uns aus dem Kleistschen Drama als »Prinz von Homburg« vertraut ist.

»Wildschweingulasch in Holunder-Zwiebelrahmsoße mit Klößen«, »Schweinekammsteak mit Birnen – Meerrettichmus«, »Ofenwarmer Apfelkuchen«, »Gezuckerte, weinbrandgetränkte Birnenstückchen« sind nur einige der Delikatessen im Angebot des »Waldhauses«.

Bereits im 18. Jahrhundert wurden in den Teichen um Linum Fische gezüchtet. Heute sind es vor allem Spiegelkarpfen.

durch den der Rhin fließt, beginnt das »Herz« des Ruppiner Landes. Nicht nur der Wald- und Seenreichtum, sondern die ganze wunderbare »Komposition« der Landschaft hebt sich klar von vielen anderen Gebieten der Mark ab. Auch die hier ansässigen Herrscher unterschieden sich deutlich vom übrigen Landadel. Im 12. Jahrhundert ließen sich die Grafen von Arnstein aus dem Thüringischen im Ruppiner Land nieder. Bis 1524, als die Linie ausstarb, regierten und entwickelten sie die Region. Ihr missionarisches Anliegen zeigte sich u. a. in der Gründung des Dominikanerklosters in Neuruppin und des Zisterzienserklosters in Lindow.

»Die Ruppiner Grafen waren anders wie andere im Lande. ... ihr Auftreten hatte wenig gemein mit der Haltung des halb rauflustigen, halb bäuerlichen Landadels um sie hier, und die Künste des Friedens standen ihnen höher als Waffenhandwerk ...« Th. Fontane

Wustrau gehörte zum Herrschaftsbereich Ruppiner Land. Hier lebten nach den Arnsteins die von Ziethen. Hans Joachim von Ziethen gilt als der Ahnherr aller Husaren. Unter Friedrich II. hatte der legendäre Reitergeneral mit seinen Attacken so manche Schlacht für den König entschieden. Nahe der *Kirche* liegt er begraben, und dort steht gleichfalls das um 1750 als zweistöckiger Barockbau errichtete *Herrenhaus*, wie so oft im Brandenburgischen auch Schloß genannt. Leider läßt sich die einstige Schönheit des umgebenden Landschaftsparks heute nur noch erahnen.

Karwe Beim Blick über den Ruppiner See erkennen wir nicht weit entfernt Karwe, ein kleines Nest, aber mit preußischer Tradition. Hier lebten die von Knesebecks. Besonders Karl Friedrich von Knesebeck, preußischer Oberst, wurde berühmt. Als glühender Patriot entwarf er Pläne zur militärischen Vernichtung Napoleons. Schöne metallene Grabtafeln an der *Feldsteinkirche* erinnern an ihn. Die Ziethens und Knesebecks verbindet zudem eine amüsante Episode aus dem Jahre 1785. Da Preußen gerade keinen Krieg führte, beschlossen die arbeitslosen Militärs, auf dem Ruppiner See zum Zeitvertreib selbst eine Schlacht zu führen, Alljährlich wird heute mit einem Volksfest an historischer Stelle jener »Seeschlacht« gedacht.

Als Hauptattraktion des Volksfestes alljährlich im August findet ein Schiffskorso auf dem Ruppiner See statt. Am Abend bildet ein Feuerwerk über den beleuchteten Booten den Abschluß des Festes.

Radensleben Wenn wir schon auf den Spuren des märkischen Adels wandeln, sollte das Radensleben, 5 km nördlich von Karwe einschließen. Hier lebte die alteingesessene Familie derer von Quast. Über Jahrhunderte Gutsherren, ragte doch ein Familienmitglied heraus – Ferdinand von Quast. Er, der Schüler K. F. Schinkels, war der erste preußische »Denkmalschützer« (Konservator genannt) und erwarb sich bleibende Verdienste um die Kunstgüter in Preußen. Vom *Herrenhaus* ist nicht viel geblieben, aber die schöne *Kirche*, im Inneren vorwiegend im Renaissancestil gehalten, entschädigt – davor, auf dem Kirchhof, die *Begräbnisstätte* Ferdinand von Quasts in der Form eines Camposanto.

Die Kirche ließ F. v. Quast 1865–1870 umgestalten.

Neuruppin Nun müssen wir, da Schinkel und Fontane schon Erwähnung fanden, auch deren Geburtsort, Neuruppin, einen Besuch abstatten. Wie Karwe liegt auch Neuruppin am Ruppiner See, allerdings am westlichen Ufer.

Im 18. Jahrhundert erlangte die Stadt auch Bekanntheit durch die Neuruppiner Bilderbögen – Vorläufer der Illustrierten bzw. Comics. Sie sind heute im Museum zu besichtigen.

Nicht nur das in den »Mauern« dieser Kleinstadt zwei große Brandenburger aufgewachsen sind, macht sie anziehend, sondern ebenso die bemerkenswerte Anlage. Neuruppin ist eine Stadt mit geraden Straßen und rechtwinkligen Plätzen, am Reißbrett konzipiert. Obwohl bereits um 1200 die Entwicklung der früheren slawischen Siedlung am Ruppiner See zur Stadt begann, mußte die »Geschichte« Neuruppins im Jahre 1787 von vorn beginnen. In jenem Jahr hinterließ der große Stadtbrand nichts als Wüste. Nur die *Klosterkirche St. Trinitatis* unweit des Seeufers überlebte. Sie ist eine der ältesten märkischen Hallenkirche und gleichzeitig der Sakralbau des ersten Dominikanerklosters der Mark (1246 gegründet; 1564 aufgelöst). Besonders sehenswert sind die *Sandsteinreliefs* im Innern der Kirche, darunter die eindrucksvolle *Statue des Paters Wichmann*.

Prior Wichmann von Arnstein war der erste Vorsteher des Klosters in Neuruppin. Viele Wunderdinge sagte man ihm nach. Seine letzte Ruhestätte sollte erst

Während sich die märkische Baukunst im 18. Jahrhundert vor allem durch die Verbindung von Anmut und Armut auszeichnete, verhielt sich

Klosterkirche St. Trinitatis in Neuruppin

dann zugänglich sein, wenn die Linde über seinem Grab abgestorben ist. Allen Widrigkeiten zum Trotz steht sie noch heute, 700jährig, an der Klosterkriche.

in Neuruppin alles ganz anders. Hier sollte nach dem Brand die große Stadtidee der Aufklärung verwirklicht werden. Nach Plänen von B. M. Brasch entstand eine klassizistische Stadtanlage, die neben Bauensemblen in Potsdam eines der besten Beispiele des Frühklassizismus in Brandenburg darstellt. Durch ein rasterförmig angelegtes Straßennetz wurden Wohnkarrees mit zweigeschossigen Traufenhäusern angelegt. Im Zentrum des Ortes steht weder ein Schloß, noch eine Kirche, sondern das *Gymnasium* als bürgerliche Stätte der Bildung und Wissenschaft. Unter diesem prägenden Eindruck wuchs K. F. Schinkel auf, der in Neuruppin 1781 das Licht der Welt erblickte, und hier besuchte er das neue Gymnasium. Was heute meist weniger bekannt ist, Schinkel, der bedeutendste Baumeister des Klassizismus in Norddeutschland, war ein »Multitalent«. Er malte Landschaften, entwarf Bühnenbilder, Denkmäler, Skulpturen, Möbel, er war Innenarchitekt und Designer für Porzellan und Eisen. So ist es nicht verwunderlich, daß er, kaum 59jährig, Opfer seiner Arbeitswut wurde. Ihm zu Ehren schuf 1883 M. Wiese das Standbild, welches auf dem Platz hinter der Stadtkirche Aufstellung fand. Gewohnt hat Schinkel nach Zerstörung seines Elternhauses durch den Brand im ehemaligen *Predigerwitwenhaus* in der Fischbänkenstraße. Eine Gedenktafel erinnert daran.

Die ganze Stadt Neuruppin war damals eine Baustelle. Auf Order des Königs sollte sie »ganz massiv« und im rasanten Tempo neu entstehen. Zwischen 1788 und 1794 entstanden 390 Häuser neu.

Auch mit dem zweiten großen Sohn, dem Dichter Th. Fontane, bleibt die Stadt aufs engste verbunden. Das Denkmal im südwestlichen Bereich der Altstadt gestaltete ebenfalls M. Wiese. Es zeigt Fontane so, wie er uns heute noch bekannt ist – als Wanderer – sitzend auf einer Bank mit Hut, Wanderstock und Wettermantel, gerade so, als mache er eine Pause auf seinen ausgedehnten Wanderungen durch die Mark. Sein Elternhaus, die *Löwenapotheke*, wo er 1819 geboren wurde, blieb erhalten. Zum Abschluß eines Rundgangs durch die Stadt, deren Häuser am großen *Marktplatz* (früher Paradeplatz) sich zunehmend wieder im alten Glanz zeigen, darf der *Tempelgarten* nicht fehlen. Westlich der Altstadt, von einer Mauer mit schönem Backsteintor umgeben, liegt diese grüne Oase. Anlegen ließ sie der Kronprinz Friedrich, der als Friedrich II. die deutsche Geschichte nachhaltig prägen sollte. 1732 von seinem despotischen Vater aus der Festung Küstrin entlassen, übernahm er das Kommando der Garnison Neuruppin, um sich zu »bewähren«. Um von Zeit zu Zeit dem öden Soldatenleben entfliehen zu können, ließ er sich vom

Einen märkischen Goethe hat Kurt Tucholsky Theodor Fontane genannt, das literarische Wappenschild einer ganzen Landschaft.

Die »Bauwerke« im maurischen Stil wurden um 1855 vom russischen Architekten Diebitsch errichtet. Dazu zählt auch die Gartenmauer.

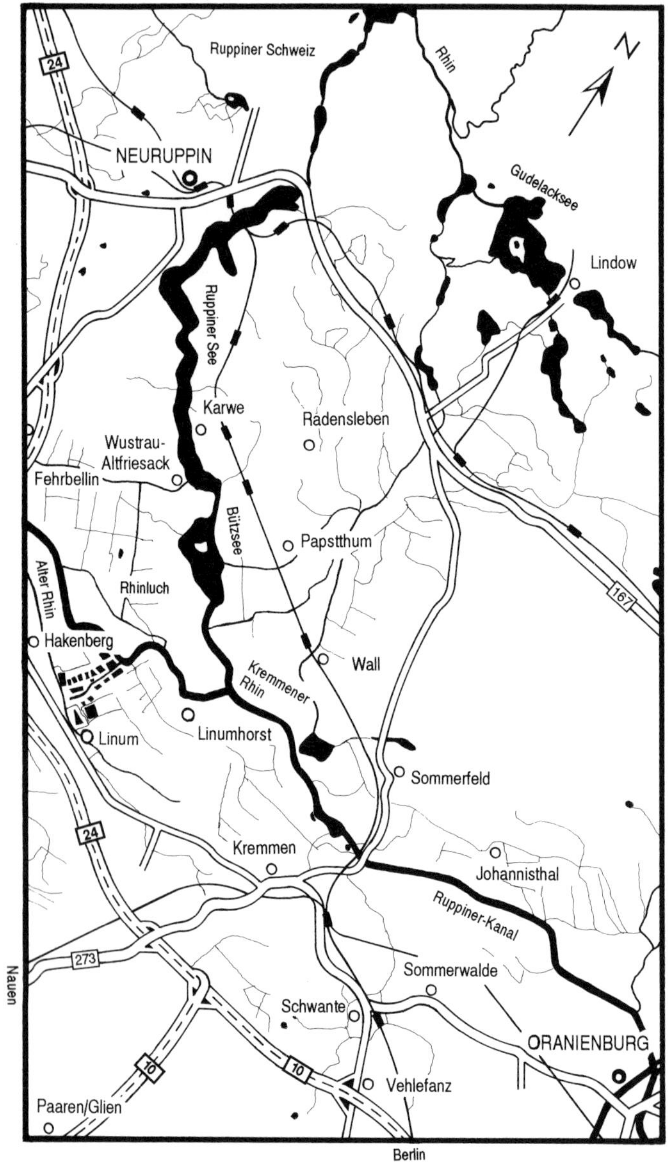
Ruppiner Schweiz
24
NEURUPPIN
Rhin
N
Gudelacksee
Lindow
Ruppiner See
Karwe
Radensleben
Wustrau-
Altfriesack
Fehrbellin
Bützsee
Papstthum
Alter Rhin
Rhinluch
167
Hakenberg
Wall
Kremmener
Rhin
Linum
Linumhorst
Sommerfeld
24
Kremmen
Johannisthal
Ruppiner-Kanal
273
Nauen
Sommerwalde
Schwante
ORANIENBURG
10
10
Vehlefanz
Paaren/Glien
Berlin

Freund und Baumeister H. G. W. v. Knobelsdorff dieses Refugium schaffen. Der Tempelgarten mit dem kleinen *Apollo-Tempel* – hier ließ sich gut philosophieren – war das gelungene Erstlingswerk von Knobelsdorffs.

Noch vieles gäbe es zu berichten über Neuruppin und Umgebung, doch wir wollen zurück zur Havel. Vielleicht zum Abschluß noch drei Vorschläge für alljene, die Gefallen am Ruppiner Land gefunden haben. Da wären einmal die *Ruppiner Heide* und die *Ruppiner Schweiz*, direkt vor den Toren der Stadt, ein wunderschönes Wander- und Wassersportgebiet. Nicht zu vergessen das bekannte Kleinod nahe der mecklenburgischen Grenze – *Rheinsberg* mit seinem Schloß, wo der 20jährige Kronprinz Friedrich in der Zeit von 1733 bis 1744, wie er selbst sagte, die schönsten Jahre seines Lebens verbrachte. Und da wäre *Lindow*, weniger bekannt und doch sehr reizvoll zwischen drei Seen gelegen, mit der schönen Klosterruine.

Der besondere Reiz der Ruppiner Schweiz liegt u. a. in den bis zu 30 m tief eingeschnittenen Kerbtälern.

Wir beenden jetzt unseren Abstecher jenseits des Havelhauptarms und kehren dahin zurück, wo wir die Havel verließen – nach Oranienburg.

Der besondere Tip:

Brandenburgische Gewerke stellen sich vor

Etwa 15 km südlich von Kremmen, zu erreichen über die B 273 oder die A 10, liegt der kleine Ort Paaren. Hier befindet sich das Märkische Ausstellungs- und Freizeitzentrum (MAFZ) Paaren-Glien, das seit kurzem systematisch zum landwirtschaftlichen Ausstellungs- und Vermarktungszentrum des Landes Brandenburg ausgebaut wird. Auf einer 200 ha großen Fläche haben u. a. Bauernmarkt, Reittouristik, Abenteuerspielplatz, Fahrradverleih, Streichelzoo, Wanderwege und ein Weidegebiet, das beispielhafte Viehhaltung zeigt, ihren Platz gefunden. Zum Angebot zählen zudem zahlreiche Ausstellungen und Volksfeste wie Bau- und Handwerksmesse, Ponyleistungsschau, Landwirtschaftsmesse, Fahr- und Westernreitturnier, Paarener Herbsttage (Ernte- und Dorffest) und Kartoffelfest.

Eine Abkürzung

Havelkanal · Nauen · Ribbeck · Groß Behnitz · Friesack · Havelländisches Luch

Anreise:
mit dem Auto *über die A 111 bis Anschlußstelle Schulzendorfer Straße, weiter über Hennigsdorf in Richtung Nauen entsprechend des gewählten Reisezieles*
mit der Bahn *nach Nauen und weiter zum nächstgelegenen Reiseziel auf der Strecke Nauen– Friesack–Neustadt/Dosse*

Der Havelländische Große Hauptkanal bei Nauen

Nach unserem Abstecher in das Ruppiner Land kehren wir an die Havel in Oranienburg zurück. Doch stehen wir nun wieder vor der Frage – wie weiter? Folgen wir auf »direktem« Wege dem weiteren Verlauf der Havel tritt ein deutlicher Wandel ein, von nun an zeigt sie sich in ihrem »Hauptstadtgewand«, bevor sie die Potsdamer Residenzlandschaft »durchstreift«. Wer aber weiterhin Ruhe und ländliche Stille sucht, dem sei eine »Abkürzung« empfohlen, die Berlin, Potsdam und Brandenburg »links« liegen läßt – hier sind es mehr die leisen Töne, das Beschauliche, das vorherrscht. Wichtig ist ein Blick fürs Detail, für Grabsteine, alte Scheunen, Baumriesen, Alleen, Dorfkirchen. Und nicht zu vergessen, wir wandeln auf den Spuren alter märkischer Adelsgeschlechter. Wem dies mehr zusagt, der folge ab Hennigsdorf dem Havelkanal (Niederneuendorfer See) und ab Nauen dem Havelländischen Großen Hauptkanal bis zum Hohennauener See nördlich Rathenows.

Da es in der Mark an Straßenbaumaterial fehlte, verwandte man kleine Feldsteine, die die Bauern bei jeder Fahrt mitzunehmen hatten (immer zwei Stück), um sie an markierten Stellen abzulegen. Es entstand das typische »Kopfsteinpflaster«.

Havelkanal Der Havelkanal bildet zusammen mit dem *Nauen-Paretzer Kanal* eine »Umgehungswasserstraße« für Berlin und Potsdam. Der 1952 erbaute Havelkanal beginnt in Hennigsdorf und endet bei Brieselang im Nauen-Paretzer Kanal. Neben der Entlastung der Berliner Wasserstraßen dürften bei seiner Errichtung auch politische Gründe eine nicht unwesentliche Rolle gespielt haben. 1952 war der Kalte Krieg bereits in »vollem Gange«, und eine Ausklammerung von Westberlin im Wasserstraßennetz schien den Machthabern sehr wichtig.

Der Havelkanal war der letzte künstlich geschaffene Wasserweg im Einzugsbereich westlich der Havel. Eine über 230jährige Baugeschichte dieser Wasserwege, begonnen unter Friedrich Wilhelm I., fand damit ihren Abschluß

Eine der ersten Ortschaften, die uns am Kanal begegnen, ist *Wansdorf*, ein kleines Straßendorf ohne Neubauten mit dem Wansdorfer Schloß. Das gut 100 Jahre alte *Gutshaus* liegt inmitten eines mit alten Bäumen bewachsenen Parkes. Heute wird es als Tagungsort der Sozialakademie Wansdorf (Weiterbildungsstätte) genutzt. Nördlich des Dorfes erstreckt sich ein herrliches, Mischwaldgebiet, genannt der *»Krämer«*. Durch den Krämer führt die »Alte Poststraße Berlin–Hamburg«, ein schö-

Im Mittelalter gehörte das heutige Landschaftsschutzgebiet zum Hause Kremmen, daher stammt auch der Name.

ner, zum Teil mit Feldsteinen gepflasterter Wanderweg. Nahe dem Forsthauses »Krämerpfuhl« stößt man auf Mauerreste der ehemaligen *Postmeisterei und Ausspannstation Ziegenkrug*. Die alte Postsäule, die einst hier stand, ist heute allerdings nur im Heimatmuseum Falkensee zu besichtigen. Ende des 18. Jahrhunderts wurden aus den Handels- und Heerwegen Poststraßen, um einen schnelleren Postverkehr zu ermöglichen. Dazu muß man wissen, daß die Landesherren bis dahin oft wenig Interesse am Straßenbau zeigten. Von Friedrich I. ist beispielsweise überliefert, daß er nicht sehr gewillt war, Chausseen zu bauen, »damit die fremden Fahrensleute auf den schlechten Wegen desto länger liegenbleiben und mithin mehr verzehren« – auch eine Möglichkeit zur Förderung des »Gaststättengewerbes«. An den Ausbau der Poststraßen erinnern die Postmeilensäulen sowie Meilensteine, Dreiviertel-, Halb- und Viertelmeilensteine, die als Entfernungsangabe dienten. Viele dieser Zeitzeugen sind heute mehr oder weniger gut in der Landschaft versteckt.

Am 17. März 1722 wurde festgelegt, daß die Wegstunde einer halben Meile entspricht – nach metrischem System 4,531 km. Wer also von Nauen nach Kremmen – laut Säulenauskunft 4 Stunden – reisen möchte, sollte 18,124 km einplanen.

Von Wansdorf gelangen wir entlang des Havelkanals über Alt Brieselang, einem kleinen Ort mit fünf Häusern, nach *Zeestow* und *Bredow*. Manche Dörfer der Mark tragen den Namen ihrer einstigen Herrschaft wie Hardenberg, Groß Ziethen oder eben Bredow. Die von Bredows waren im Havelland ein weitverzweigtes Adelsgeschlecht. In Bredow selbst erinnert heute jedoch kaum noch etwas an diese Zeit. Nur an der *Backsteinkirche* befinden sich links vom Eingang zwei große *Sandsteinreliefs* (Grabplatten), deren Entzifferung allerdings schwerfällt. Auch in Zeestow sind die von Bredows nicht unbekannt. Hier gibt es eine *Grabstätte* derer von Bredows auf dem kleinen verwilderten Friedhof. Die gußeisernen Grabplatten stehen allerdings zur Zeit an der Kirchmauer und harren, wie die Kirche selbst, der Restaurierung. Von Zeestow zweigt der Nauen-Paretzer Kanal vom Havelkanal ab und kündet schon den Namen

Eine Sage erzählt: Einst steckte der Teufel alle schlechten Adelsleute in einen Sack. Aber durch ein Loch fielen die Bredows, die ganz unten lagen, wieder heraus und verbreiteten sich so übers ganze Havelland.

die nächste Kleinstadt, Nauen, an, die etwa 6 km nordwestlich von Zeestow erreicht wird.

Nauen Aus welcher Richtung wir uns Nauen auch nähern, immer rückt der hochaufragende Turm der evangelischen St. Jakobi-Kirche ins Blickfeld. Im Zentrum des Städtchens steht auch das *Rathaus*, welches 1888–1890 im Stil norddeutscher Backsteingotik erbaut wurde. In der 700jährigen Stadtgeschichte (Jubiläum 1992) waren es neben Handwerkern und Kaufleuten vor allem Ackerbürger, die das Bild Nauens prägten.

Alter Nauener Steckbrief: »An dem havelländischen Luch, zwei Thore, Pfarrei, Landratsamt, Untersteueramt, Post, Leineweberei, Brauerei, Brennerei, Märkte, 4250 Einwohner.« (Mitte 19. Jahrhundert).

Sie arbeiteten auf ihren Feldern in der Umgebung Nauens und hielten ihr Vieh in der Stadt. Einen Eindruck von dieser kleinstädtisch-bäuerlichen Lebensweise vermittelt uns heute das *Heimatmuseum* am Rathausplatz. Dort wird auch über die Verleihung, besser den »Kauf«, des Stadtrechtes im Jahre 1292 von den Markgrafen Otto und Konrad berichtet.

Noch anschaulichere »Exponate« sind in der *Mauerstraße* zu sehen, kleine Fachwerkhäuser – die einstigen »Unterkünfte« der Ackerbürger.

Unser weiterer Weg folgt nun der B 5. Diese verläuft fast parallel zum *Havelländischen Großen Kanal*, der über den Nauen-Paretzer mit dem Havelkanal verbunden ist.

Berge Bevor wir Ribbeck ansteuern, lohnt ein Halt in Berge. Hinreichender Grund ist die im 18. Jahrhundert erbaute *Dorfkirche*. Das prächtige Stifterwappen über dem Altar mag gut 100 Jahre älter sein. Einst lebten hier die von Hage, später die von Bredows. Einer der beiden Familien gehören wahrscheinlich auch die Ahnen an, die der Pfarrer 1970 unter der Kirche fand – zwei in bemerkenswert gutem Zustand erhaltene *Mumien* aus dem 17. Jahrhundert. Beide sind bis heute nicht identifiziert.

Nach vorheriger Absprache mit dem Pfarrer können die Mumien besichtigt werden.

Ribbeck Ein Birnbaum war es, der unser nächstes Ziel, das ca. 4 km westlich von Nauen gelegene Ribbeck, bekannt gemacht hat – oder besser Fontane, der die Sage jenes Birnbaums in liebevolle Verse brachte:

Herr von Ribbeck auf Ribbeck im Havelland

... da sagte von Ribbeck: »Ich scheide nun ab.
Legt mir eine Birne mit ins Grab.«...
und die Kinder klagten, das Herze schwer:
»He is dod nu. We giwt uns nu 'ne Beer?«...

der neue freilich, der knausert und spart,
hält Park und Birnbaum strenge verwahrt.

Aber der alte, vorahnend schon...
der wußte genau, was damals er tat,
als um eine Birn ins Grab er bat,
und im dritten Jahr aus dem stillen Haus
ein Birnbaumsprößling sproßt heraus.

Und die Jahre gehen wohl auf und ab,
längst wölbt sich ein Birnbaum über dem Grab...
Und kommt ein Jung übern Kirchhof her,
so flüstert's im Baum: »Wiste 'ne Beer?«
Und kommt ein Mädel, so flüstert's: »Lütt Dirn,
kumm man röwer, ick gew di 'ne Birn.«

So spendet Segen noch immer die Hand
des von Ribbeck auf Ribbeck im Havelland.

Theodor Fontane

Das große Herrenhaus der Ribbecks, an dem die Zeit auch nicht spurlos vorüberging, dient heute als Seniorenzentrum.

In einer Orkannacht des Jahres 1911 fiel der Baum. »Nun ging die Klag im Dorf herum, der Birnbaum liegt um, der Birnbaum liegt um!« Heutige Besucher müssen mit einem noch recht kleinen Wildling an der Kirchenmauer vorliebnehmen oder mit dem erst 1990 neu angepflanzten Birnbäumchen im *Garten des Herrenhauses*.

In der Dorfkirche kann man in den Sommermonaten gelegentlich Chor-, alter Spinett- oder Blasmusik lauschen.

Am rechten Torpfeiler des einstigen, nun hier aufgestellten »Oranienburger Tores« ist zu lesen: Hier trafen sich im ehemaligen Schloß

Groß Behnitz Südlich von Ribbeck, erreichbar über Nauen oder Berge, liegt das kleine Groß Behnitz, das in mancher Hinsicht »einen Blick« wert ist. Leider werden wir das ehemalige Schloß der Grafen von Itzenplitz am Großbehnitzer See nicht mehr vorfinden, es brannte 1947 ab. Aber das *Ein-*

gangstor zum Park steht noch, das eine Besonderheit darstellt. Auf den aus Backsteinen erbauten Tortürmen wurde Trophäenschmuck angebracht, der ursprünglich das Oranienburger Tor in Berlin zierte. Bei dessen Abriß Mitte des 19. Jahrhunderts erwarb Albert Borsig die Teile, um sie hier aufzustellen. Borsig, der Industrielle, kaufte den Gutshof zu dieser Zeit dem Grafen Friedrich von Itzenplitz ab. Itzenplitz, auch »Toller Fritz« genannt, mußte durch Spiel und ausschweifenden Lebenswandel den väterlichen Besitz verkaufen. Borsig, durch Lokomotiven und Fleiß zu Reichtum gekommen, nutzte die Gelegenheit. Auch der *Bahnhof des Dorfes* von 1862 geht auf ihn zurück. Borsig hatte 100 000 Taler für die Bahn Berlin–Hannover gespendet und damit die Forderung nach einem Bahnanschluß für »seinen« Ort verbunden. Der Backsteinbau blieb äußerlich weitgehend original erhalten.

in den Jahren 1941–1943 mehrmals die Grafen Moltke und York von Wartenburg mit führenden Mitgliedern des »Kreisauer Kreises«.

Auch die Groß Behnitzer Kirche widerspiegelt märkische Herrschaftsverhältnisse. Sie besitzt 3 Eingänge: einen für den Pfarrer, einen für die Herrschaft (zugemauert) und einen für das Volk.

Friesack Von Groß Behnitz gelangen wir über eine einfache Landstraße nach Nauen zurück, um von hier aus unsere Reise auf der B 5 Richtung Norden nach Friesack fortzusetzen.

Auch diese kleine Stadt kann ihre Vergangenheit als Landstädtchen der Ackerbürger bis heute nicht verbergen. 1217 erstmals erwähnt, seit 1327 Stadt, erlangte der Ort einzig um 1400 einmal traurige Berühmtheit. Hier herrschte das Adelsgeschlecht der von Quitzows, die als Raubritter die Gegend bis Berlin unsicher machten. Die Hohenzollern beendeten mit der Hinrichtung der Anführer ihr »Treiben«. Die Burg der Quitzows existiert nicht mehr, nur der Burgberg. Besonders reizvoll ist die Lage des alten Städtchens zwischen den bis zu 70 m aufsteigenden Hügeln (Endmoränen) und den nahen Flächen des Luchs. Kiefernwälder, Heide, kleine Wasserläufe und Wiesen bilden einen fürs Auge angenehmen Kontrast.

Im Frühling blühen in der kleinen Stadt Tausende von Büschen blauen, roten und weißen Flieders. Friesack nennt sich darum auch Fliederstadt.

Havelländisches Luch Von Friesack führt die Reise zurück in Richtung Ribbeck über Warsow. Hier zweigt eine schmale Straße nach Jahnberge ab, direkt durch das Luchgebiet. Bevor wir aber das Luch »durchstreifen«, lohnt ein Abstecher zum südlich von Warsow gelegenen Wagenitz und Senzke, 5 bzw. 7 km entfernt. In Wagenitz werden die sogenannten Friesen (eine Pferderasse) gezüchtet, Kutschfahrten, Reitausbildung (auch der Hohen Schule), Springreiten, Schauprogramme locken Besucher an. Am Dorfanger fällt ein merkwürdiger, schornsteinähnlicher Bau mit Storchennest auf, *Schwedenturm* genannt. Der Turm bildet den ältesten Teil einer ehemaligen Gutsanlage aus dem 16. Jahrhundert (erbaut 1571). Er soll von den Schweden im 30jährigen Krieg als Küchengebäude genutzt worden sein und auch als Getreidelager gedient haben. Es wird erzählt, das Georg von Bredow, Herr in Wagenitz, sich vor den anrückenden Schweden unter dem Korn versteckte, jedoch gefunden und erschlagen wurde. Womit wir wieder bei den Bredows wären. In Wagenitz, auf dem außerhalb des Ortes gelegenen Friedhof, gibt es eine *Grabkapelle* der Familie. Ein einfaches weißes Gebäude mit zwei Säulen, meist aber verschlossen.

Kurz vor Wagenitz liegt Brädikow. Hier können wir »in die Luft gehen« bei Heißluft-Ballonfahrten des Ballonsportclubs.

Friesengestüt Preußer sowie Gasthaus und Pferdepension Friesenchaise befinden sich beide in Wagenitz nahe dem Dorfplatz.

Keine zwei Kilometer von Wagenitz entfernt liegt *Senzke*. Eine verträumte, mit Apfelbäumen besetzte, schnurgerade Landstraße führt in die Gemeinde. An das ehemalige Gutshaus, das heute als Schule dient, schließt sich eine weite, ausgedehnte *Parkanlage* an. Im Gutspark befindet sich auch das sogenannte Domherren-Häuschen, die letzte Ruhestätte des Freiherrn von Bredow.

Ein Schild am Eingang des Parks macht auf die Entstehung aufmerksam: »Historischer Gutspark von 1750, gestaltet vom Hofgärtner Fintelmann im Auftrag des Domherren Otto Friedrich von Bredow zu Senzke.«

Wir kehren über Wagenitz nach *Warsow* zurück und durchqueren endlich das Luch. Zwar haben wir bisher das Luchgebiet mehrmals »gestreift«, doch wird uns der jetzt folgende Weg die Besonderheit dieser Landschaft noch deutlicher zeigen.

Hier, wo in den Jahren 1718–1724 auf Befehl von König Friedrich Wilhelm I. erstmals versucht wurde, das Luch trockenzulegen und es zu Wiesen- und Ackerland umzuwandeln, wo man das Liebenswürdige, Bescheidene und Unverwechselbare dieser Landschaft noch spürt, bleiben laute Touristenströ-

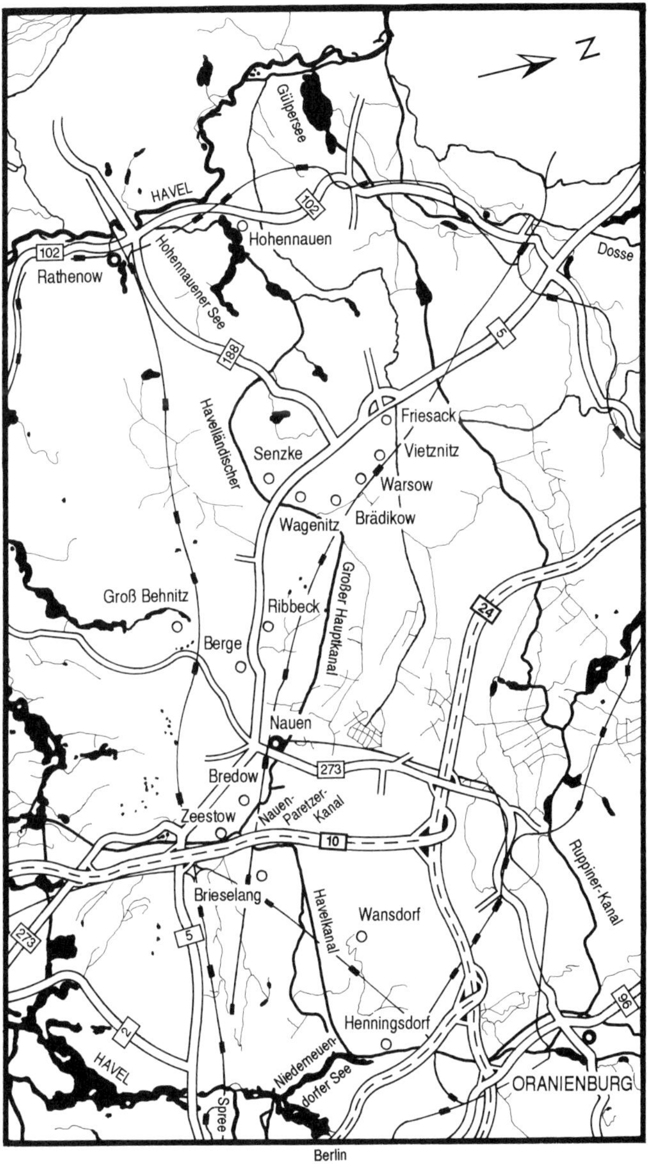
N
Gülpersee
HAVEL
102
Hohennauen
Rathenow
Hohennauener See
Kyritz
Dosse
5
188
Friesack
Vietznitz
Warsow
Senzke
Havelländischer
Wagenitz
Brädikow
Großer Hauptkanal
24
Groß Behnitz
Ribbeck
Berge
Nauen
273
Bredow
Zeestow
Nauen-Paretzer-Kanal
10
Brieselang
Havelkanal
Wansdorf
Ruppiner-Kanal
5
2
HAVEL
Henningsdorf
96
Niedemeuendorfer See
ORANIENBURG
Spree
Berlin

Havellandschaft bei Tremmen

Von den Großtrappen gibt es Brandenburg nur noch einige wenige Exemplare, die nicht nur im Luch, sondern auch noch im Fläming (bei Belzig) anzutreffen sind.

me fern. Fast 500 km lang ist das Grabensystem, welches die weitläufige Landschaft mit ihrer seltenen Flora und Fauna durchzieht. Störche, Kraniche, Fischreiher, Kiebitze, Großer Brachvogel und sogar Großtrappen sind hier noch beheimatet. Letztere gab es zu Zeiten Friedrichs des Großen noch in großer Zahl, heute werden sie vor dem Aussterben geschützt. In den meisten Luchdörfern, langgezogenen Straßendörfern oder Rundlingen, blieb das ländliche Leben bis zum heutigen Tag erhalten. In den Bauernhöfen liegt der würzige Duft von Heu und Vieh. Wer die vielen kleinen Details am Rande entdecken will, darf nicht hastig von Ort zu Ort eilen, sondern muß sich Zeit nehmen, die Natur und die Menschen mit offenen Augen betrachten. Die Vielgestaltigkeit überrascht zu jeder Jahreszeit. Auf einem Plattenweg, der den alten Damm befestigt, gelangen wir von Warsow nach Jahnberge. Kilometerlang stehen die Bäume, Erlen, Weiden, Buchen, Obstbäume, an der Straße aufgereiht – links und rechts Weite. Nahe des langgezogenen Straßendorfes liegt das *Naturschutzgebiet »Jahnberge«*. Die hier »aufgetürmten« Binnendünen (4–7 m) haben ein eigenes Mikroklima, so daß sich seltene Trockenrasengesellschaften entwickelten. Weiter geht es nach *Königshorst*. Das Dorf steht im »Mittelpunkt« der sogenannten Horstdörfer. Horste sind Talsandflächen, die trokkener und etwas höher als die feuchte Umgebung liegen und sich so als Wohngebiete eigneten – Sandhorst, Mangelshorst, Kuhhorst, Ribbeckhorst, kleine Weiher, mit oft kaum mehr als 4–5 Höfen, sind Beispiele dafür. Vielleicht noch ein interessantes historisches Detail zu Königshorst. Der Name ist kein Zufall. König Friedrich Wilhelm I., der bereits 1718 den Bau des Havelländischen Großen Hauptkanals veranlaßte, holte Fachleute aus Holland und der Schweiz ins Land – Experten nicht allein für den Kanalbau, sondern für die wirtschaftliche Nutzung des neuen Landes, hauptsächlich für die Herstellung von Butter und Käse. 1737 ließ er dazu eine Lehranstalt im neuerrichteten Dorf Königshorst erbauen. Friedrich II. machte später daraus eine *»Ordentliche Akademie des Buttermachens«*. Zwei Jahre dauerte die Ausbildung der Frauen, und der König selbst nahm häufig die Prüfung ab. Fiel diese gut aus, gab es 100 Taler und drei Männer zur Auswahl – einer durfte zum Heiraten ausgesucht werden. Heute sind diese Gebäude umgebaut oder wie der einstige Kuhstall der »Akademie« Ruine. Mit Friedrich II. hielten jedoch noch weitere Veränderungen Einzug. Die Pferdezucht breitete sich im Luch aus, und es begann der massenweise Anbau der Kartoffel. Als Feldfrucht konnte sich die Kartoffel allerdings anfänglich nicht durchsetzen. Da halfen weder Dro-

Hier sind Pflanzen wie Federgras, Sonnenröschen und Wiesenkuhschelle beheimatet.

Auf den weiten Grünflächen zwischen den Siedlungen befinden sich Kranichrast- und Schlafplätze. Zwischen September und Dezember sammeln sich hier die stolzen Vögel, bevor sie ihre weite Reise in das sonnige Spanien antreten.

Als in der DDR die Umgestaltung der Landwirtschaft zu Großgenossenschaften begann, verließ fast die Hälfte der Bauern das Dorf. Von diesem »Aderlaß« hat es sich bis heute nicht erholt.

hungen des Staates noch Predigten in der Kirche. Erst als die Bauern erkannten, daß man daraus auch Schnaps brennen kann, brachten sie den Erdapfel auf die Felder.

Ab Königshorst kann man mit dem Auto über den Dechtower Damm nach Hakenberg und von dort über die Landstraße nach Fehrbellin gelangen. Von hier geht es über die Autobahn A 24 direkt nach Berlin oder Potsdam.

Überall in diesen abgelegenen Dörfern begegnen wir auch den kleinen Feldsteinkirchen. Feldsteine, »angeschwemmt« mit den Moränen der Eiszeit, waren das meistgenutzte Baumaterial in der Mark.

Dieser Ausflug beiderseits des *Havelländischen Großen Hauptkanals*, fernab ausgetretener Touristenpfade, bewahrheitet Fontanes Worte: »Wenige Punkte sind so arm, daß sie nicht auch ihre Schönheiten hätten.« Zugleich wird aber auch der Verfall deutlich, der über Jahrzehnte Bauten und Denkmäler, wenn nicht vernichtete, so doch sehr in Mitleidenschaft zog. Andererseits hat der jahrzehntelange Mangel, manch Altes vor dem modernen Umbau oder Erneuerung bewahrt – so wie die herrlichen, schmalen, alten Alleen mit ihrem Kopfsteinpflaster. Hoffen wir, daß bei allem notwendigen Aufschwung nichts davon verlorengeht. Von unserem Abstecher westlich des Havellandes kehren wir nun zum eigentlichen Havelfluß zurück.

Der besondere Tip:

Einladende Gastlichkeit

In Wagenitz, einem der Luchdörfer, lädt uns die Gaststätte »Zum Kellermeister« zur Rast ein. Was sich eher nach Weinstube anhört, entpuppt sich als rustikale Landgaststube mit eigener Fleischerei. Mittwoch bis Freitag von 9–17 Uhr gibt es hier sehr gute, frische einheimische Wurst- und Fleischspezialitäten zu kaufen, und dies kann man mit einem guten Essen gleich nebenan verbinden. Beim Duft von Spanferkel, Wagenitzer Bratspieß, Eisbein, Schlachteplatte und Bauernsülze u. a. bekommt man zwangsläufig Appetit. Und alle Speisen zu sehr niedrigen Preisen (kaum über 10,– DM)! Die Gaststätte selbst war ehemals eine Brennerei, in der Kartoffeln zu Sprit verarbeitet wurden. Jetzt erwartet den Gast ein schönes Kellergewölbe mit Kamin, das täglich ab 11 Uhr geöffnet ist.

»Das Hauptstadtgesicht der Havel«

Henningsdorf · Tegeler See und Umgebung · Spandau · Grunewald · Wannsee · Forst Düppel · Pfaueninsel

Anreise:
mit dem Auto *über die A 10 bis Abfahrt Schwante/Hennigsdorf oder Berlin-Spandau und über die Stadtautobahn A 111 bis Abfahrt Hennigsdorf und weiter entsprechend nächstgelegenem Reiseziel*
mit der S-Bahn *bis Hennigsdorf und weiter entsprechend nächstgelegenem Reiseziel mit dem Bus*

Segelbootregatta auf dem Wannsee

Bevor sich der Fluß im Niederneuendorfer See verliert, zweigt nach Westen der Havelkanal ab. Ab 1952 wurde er zur Verbindung von Ober- und Unterhavel errichtet.

Nachdem sich in Oranienburg die Havel mit dem Oder-Havel-Kanal vereinigt hat, fließt sie von nun an in einem begradigten und vertieften Flußbett in Richtung Berlin. Im Niederneuendorfer See wird die nördliche Stadtgrenze der Hauptstadt erreicht. Auf diesem Wege sind rechts und links noch einige Altarmreste zu erkennen, die davon zeugen, daß der natürliche Flußlauf auch hier einst weite Windungen und Verzweigungen aufwies.

Hennigsdorf wurde vermutlich um 1200 von der Burg Berlin-Spandau aus gegründet. Bis zur Ansiedlung der Industrie wohnten hier vor allem Fischerkossäten.

Hennigsdorf Vor dem Niederneuendorfer See erstreckt sich die Industriestadt Hennigsdorf, deren wirtschaftlicher Aufstieg mit August Borsig begann. Man schrieb das Jahr 1837, als der Lokomotivenkönig das Werk Hennigsdorf zum »Leben« erweckte, welches auch heute noch Lokomotiven und S-Bahnen baut. Der große Industriekomplex nahe dem Oder-Havel-Kanal zählt nun wahrlich nicht zu den havelländischen Attraktionen, aber diese Industrieansiedlungen gehören ebenso zur Havellandschaft wie Wiesen, Moore und ländliche Idylle. Sehenswert sind jedoch die alten *Werkswohnungen der AEG-Borsig*, denen wir auf dem Weg zum Bahnhof begegnen. Ebenso ehrwürdig, ja sogar malerisch, wirken die mehrstöckigen Reihenhäuser, die die *Marwitzer Straße* säumen: hohe Walmdächer, portalgeschmückte Eingänge, Tordurchfahrten zu den Hinterhöfen, Stuckelemente an der Frontseite. Nahezu musterhaft hebt sich die Architektur dieser Industriearbeiterwohnungen von den nüchternen Bauten der Neuzeit ab.

Das Gebiet der Berliner wie auch der Potsdamer Havelseen gehört zur Landschaft der Mittelbrandenburgischen Platten und Niederungen.

Berliner Havelseen Bereits mit dem Niederneuendorfer See beginnt die zweite große »Seenplatte« der Havel, die erst vor Brandenburg mit dem Plauer See endet. So stellt sich auf diesem Flußabschnitt oft die Frage: Wo ist denn nun die Havel? Mit dem Niederneuendorfer See beginnt auch ihr »Hauptstadtgesicht«, das nach vielen Kilometern märkischer Dorf- und Kleinstadtidylle, sehr widersprüchlich wirkt. Einerseits, wie nicht anders in einer Dreieinhalbmillionen-Metropole zu erwarten, mit Häusermeer, Industrieanlagen, Schornsteinen, andererseits aber auch mit interessanten Bauwerken, schönen Wäldern, Inseln im Fluß, Möglichkeiten zum Segeln und Baden. Das Havelseengebiet an der westlichen Stadtgrenze gehört neben dem Köpenicker wohl zu den wichtigsten Erholungslandschaften Berlins.

Tegeler See Beginnen wir am Tegeler See, der eigentlich nichts anderes als eine große Havelbucht darstellt, ungeachtet dessen aber nach dem Müggelsee mit 408 ha als zweitgrößter See Berlins gilt. Wald rahmt weite Teile der Ufer ein, Wassersportler aller Sparten nehmen in den Sommermonaten den See in Besitz. Ausgangspunkt für Fahrten, auch der Ausflugsschiffe, bildet der Tegeler Hafen bzw. die Greenwichpromenade (Seepromenade). Entlang dieser Seepromenade sind kleine, jedoch durchaus beachtenswerte Sehenswürdigkeiten zu finden, u. a. eine original englische Telefonzelle und ein Londoner Straßenschild. Keine 100 Schritte weiter »wachen« zwei uralte englische Kanonen über den Tegeler See. Alle diese Exponate erinnern daran, daß Reinickendorf der Partnerbezirk von Greenwich, dem Londoner Vorort, bekannt durch den »Zeitgeber«, ist. In unmittelbarer Nähe liegt auch der historische *Dorfkern von Tegel*. Die hübsche Backsteinkirche, umgeben von uralten Buchen, der einstige Dorfanger, kleine Häuser mit Gaststätten, die im Sommer Gartenplätze vor den Türen haben, geben dieser »Berliner Ecke« ein besonderes Flair. Als einer der letzten Bauzeugen des früheren Dorfes blieb das *Gehöft von Lehnschulze Ziekow* an der Dorfaue in Alt-Tegel 51 erhalten. Größere Bedeutung hat Tegel durch die Borsigwerke erlangt, die Ende des vorigen Jahrhunderts ihren Stammsitz direkt an den See verlegten. Der *Ortsteil Borsigwalde* entstand als Arbeiter- und Angestelltensiedlung.

Auch eine »Stippvisite« am *Tegeler Hafenbecken* lohnt. Noch zu Beginn unseres Jahrhunderts waren fünf Pfennige Brückenzoll Usus, heute darf man gratis die »Sechserbrücke« passieren. Kleine Lauben und Bootshäuser auf der nördlichen Seite und

Die Ausflugsschiffe starten von hier zu Rundfahrten auf dem Tegeler See, zu Fahrten nach Potsdam, zum Wannsee und nach Niederfinow.

Tegel bietet sich durchaus für einen Einkaufsbummel an. Die Gorkistraße, die Verbindung zwischen dem Ortsteil Borsigwalde und Alt-Tegel, ist zum Teil eine schön gestaltete Fußgängerzone, die zum Schlendern einlädt.

ein »Neubauviertel« besonderer Art auf der südlichen Seite ergeben eine ungewöhnliche Mischung. Die neuen Häuser wurden in den 80er Jahren als Modellversuch modernen Städtebaus errichtet, jedes von einem anderen Architekten. Die individuelle Gestaltung – helle Innenhöfe, Passagen, Glaskuppeln, bewachsene Dachgärten – greift Stilmittel verschiedener Epochen auf. Nicht weit entfernt vom Ende des Hafenbeckens, hinter der Bibliothek, befindet sich das *Schloß Tegel*, besser bekannt unter dem Namen *»Humboldtschlößchen«*. 1766 kaufte die Familie von Humboldt das ehemalige Jagdschloß, deren Nachkommen es noch heute gehört. Wilhelm von Humboldt ließ es 1820–1824 als Landsitz durch K. F. Schinkel erweitern. Leider wird das Schloßmuseum wegen Umbauarbeiten für mehrere Jahre gesperrt sein. Aber eine lohnenswerte Alternative ist ein ausgedehnter Spaziergang durch den Schloßpark mit seinem uralten Baumbestand.

Das Haus Nr. 4 mit kubischen Formen erinnert an die Bauhausarchitektur, Haus Nr. 6 an ein märkisches Landhaus, bei Nr. 28 überwiegen wieder klassizistische Elemente.

Im Park sind auch die bekannte Humboldt-Eiche und die Grabstätte der Familie von Humboldt (u. a. Wilhelm und Alexander vom Humboldt) zu finden.

Die Westseite des Tegeler Sees, die sich vom Schloß aus erschließt, bietet sich im Sommer für eine ausgedehnte Wanderung geradezu an. Vorbei an der »Dicken Marie«, einer betagten Eiche, und der Borsigvilla von 1905, geht es durch den *Tegeler Forst bis Tegelort.* Inmitten des Sees erhebt sich die *Insel Scharfenberg*, die während der Walpurgisnacht einst ein beliebter Treffpunkt für Hexen gewesen sein soll. So macht auch heute noch manch »Spukgeschichte« die Runde. Mit Geistern hatte die Seeschlacht an der heutigen Fährstelle zu Beginn dieses Jahrhunderts allerdings nichts zu tun. Die sich hier »bekriegenden« Konkurrenten von Reedereien der Ausflugsflotten waren nur allzu »lebendig«. Zwei Dampfer wurden damals auf den Tegeler Seegrund geschickt.

Spandau Wir folgen nun weiter dem Hauptarm der Havel, bis flußabwärts die *Spandauer Zitadelle* mit dem Juliusturm auftaucht. Hier spaltet sich die Havel in drei größere Arme. Zwischen dem rechten, dem Mühlengraben, und dem mittleren, dem

200 m beträgt die Seitenlänge der Festungsanlage, die mit vier spitzwinkligen Bastionen gesichert wur-

Schleusenarm, erstreckt sich die reizvolle Spandauer Altstadt, der östliche Arm umspielt die Zitadelle. Jene eindrucksvolle Spandauer Festung entstand im 16. Jahrhundert und galt lange Zeit als uneinnehmbar. Allerdings hatten vor mehr als 1 000 Jahren bereits die Slawen diesen strategisch wichtigen Punkt befestigt. Später veranlaßte Albrecht der Bär, der als erster Herrscher der Mark geführt wird, hier den Bau einer Burg. Ihm zu Ehren entstand ein Standbild, das am Festungsgraben zu besichtigen ist. Der *Juliusturm*, das älteste Bauwerk der Zitadelle, stammt aus der Zeit der Askanier. Man darf ihn vermutlich dem frühen 13. Jahrhundert zurechnen. Auch der Palas um 1350 blieb erhalten. Daß aus der Burg jene nahezu »unbezwingbare« Festung wurde, geht auf Kurfürst Joachim II. zurück. Ab 1560 ließ er bestehende Burgbefestigungen zu einer mächtigen Wehranlage nach italienischem Vorbild ausbauen. Rückzugsort bei Kriegsgefahr, Staatsgefängnis, Aufbewahrungsort für den Reichskriegsschatz, Waffenarsenal, all das bot die Festung – der »sicherste Ort in Brandenburg«. Nach dem Besuch des *Museums* verschafft der »Aufstieg« auf den Juliusturms einen weiten Ausblick. Hier bietet sich uns eine tolle Sicht auf die Havel, Spandau und die weitere Umgebung. Spandau selbst gehört erst seit 1920 offiziell zu Berlin, auch in heutiger Zeit fühlen sich die Ur-Einwohner der Altstadt oft mehr als Spandauer, nicht als Berliner, sie »fahren nach Berlin«, wenn sie die Berliner City besuchen. Sie sind stolz darauf, daß Spandau bereits 1232 das Stadtrecht erhielt und älter ist als Berlin. Noch immer besitzt die *Altstadt* einen ganz eigenen Reiz. Hier ist, wie wohl nirgends sonst in Berlin, das Flair einer mittelalterlichen Stadtanlage zu spüren. Den Mittelpunkt der kleinen winkligen Straßen und Gassen bildet die Kirche St. Nicolai, wo einst die Reformation in der Mark Brandenburg ihren Anfang nahm. In ihre Nähe, in der *Ritterstraße*, befindet sich eine eigenwillige Ausstellung. Hinter

de. 350 Jahre – bis 1945 nutzten sie permanent die Militärs.

Wer einmal mittelalterliche Tisch- und Eßsitten kennenlernen möchte, sollte in den Gewölben der Festung die »Zitadeller-Schänke« besuchen. Gegessen wird mit »Sabberlatz« u. a. Wallensteins »Leibgericht«, Filetspieß »Quitzow«, dazu Bier und Met.

1874–1918 lagerte hier der Reichskriegsschatz (120 Millionen Goldmark).

Eine Bronzestatue von Kurfürst Joachim II. erinnert an den 1539 hier vollzogenen Übertritt des Herrschers zum evangelischen Glauben.

Die Zitadelle in Spandau

großen Glasfenstern sind im Keller Mauerreste, Skelett und Grabbeigaben zu sehen – Ausgrabungen der ältesten Siedlungsfunde in Spandau.

Zwischen Altstadt und Zitadelle erinnert die *Spandauer Schleuse* daran, daß die Havel schon vor Jahrhunderten ein wichtiger Schiffahrtsweg gewesen ist. Die bereits im 16. Jahrhundert erwähnte Schleuse, eine der ältesten Anlagen an der Havel, diente wie viele andere zur Umgehung der Mühlenstaus. Wassermühlen, das sollten wir nicht vergessen, waren bis zur Erfindung der Dampfmaschine die leistungsfähigsten Energiespender, behinderten durch ihre Stauanlage aber den Schiffsverkehr. Flutrinnen zur Umgehung und Schleusen brachten Abhilfe. Trotzdem blieben die Mühen einer solchen Schiffahrt enorm, denn stromaufwärts mußten die Schiffe gezogen werden, hinzu kamen Sandbänke, Untiefen, aber auch Risiken durch Plünderer und Wegelagerer.

Wegen der Gefahr von Überfällen fuhren die Havelschiffe nur im Pulk, und die Schiffsknechte liefen als Kundschafter dem Konvoi voran.

Ganz in der Nähe mündet von links die *Spree* in die Havel. Erst sie läßt die Havel zum großen Fluß werden, indem sie ihr das Dreifache ihrer eigenen Wassermengen zuführt. Warum die Spree, die an dieser Stelle schon fast dreimal so lang ist wie die Havel, nicht namensprägend wurde für den weiteren Flußverlauf, bleibt ungewiß. Also geht es flußabwärts weiter auf der Havel, nicht auf der Spree. Links und rechts gibt es viele Seitenarme, die, erweitert, oft als Hafenbecken dienen, und von zahlreichen Bootshäusern umrahmt sind. Wenn *Pichelsdorf* erreicht wird, ist die Havel mit fast 1 km Breite plötzlich wie ein See, gemahnt nur noch wenig an einen Fluß. Pichelsdorf war übrigens der »Geburtsort« des zweiten deutschen Dampfschiffes. Am 4. September 1816 lief hier, 4 Monate nach der »Weser« in Bremen, die »Prinzessin Charlotte von Preußen« vom Stapel. Schon 12 Jahre später fuhren die Raddampfer »Henriette« und »Berlin« in 73 Stunden von Berlin nach Hamburg. 1848 stellte die »Preußische Seehandlung« die Personenschiffahrt jedoch wieder ein, mit der Eisenbahn gelangte man schneller und bequemer ans Ziel. Nach diesem kleinen historischen Exkurs in die Dampfschiffahrtgeschichte wenden wir uns erneut der seeartigen Havel zu, an derem östlichem Ufer sich der Forst des Grunewaldes erstreckt.

40 m lang, 5,80 m breit und »ungemein schnell«, nämlich 4 Knoten, wie eine Berliner Zeitung schrieb, stand das Dampfschiff »Prinzessin Charlotte von Preußen« im Dienst der Post und beförderte Passagiere nach Berlin und Potsdam.

Grunewald Das 32 ha große Waldgebiet, gehört mit den kleinen Teichen, Mooren und zahlreichen Wanderwegen zu den beliebtesten innerstädtischen Erholungsgebieten der Berliner. Der *Teufelsberg*, mit 115 m einer der höchsten »Berge« Berlins – allerdings durch Trümmerschutt künstlich angelegt – und der Grunewaldturm ermöglichen schöne Ausblicke auf die Stadt-, Wald- und Havellandschaft. Auf der westlichen Havelseite erblicken wir die Siedlungen *Gatow* und *Kladow*, alte, ehemals slawische Fischerdörfer. Als die letzten »Bastionen« der Landwirtschaft sind sie ein Kuriosum für Berlin, es gibt sie hier tatsächlich noch, eine »Handvoll« hauptstädtischer Bauern.

Der Grunewaldturm, 55 m hoch, entstand 1897 als »Kaiser-Wilhelm-Turm«, ein Marmorstandbild Kaiser Wilhelms im Innern des Backsteinturms erinnert daran.

Im Norden, Richtung Spandau, ist die hakenförmige, sagenumwobene Halbinsel *Schildhorn* aus-

Alt-Berliner Küchentip: Strammer Max; Brotscheiben leicht in Butter rösten, mit kleingewürfeltem Schinken belegen. Obenauf kommt je ein Spiegelei. Mit Gurken und Kräutern garnieren.

zumachen. Dort soll der letzte Wendenfürst Jaczo zum Christentum übergetreten sein. Heute laden hier hübsche Restaurants mit Seeblick zum Verweilen ein.

Manch idyllisches Schlößchen, das wir der Jagdleidenschaft früherer Herrscher verdanken, versteckt sich in den Wäldern um Berlin. Auf eines dieser kleinen Anwesen treffen wir inmitten des Grunewaldes, das *Jagdschloß Grunewald.* Heute erinnern nur noch die stattlichen Grunewaldseen an die einst unwegsame Sumpflandschaft, wo der »Jäger« und Kurfürst Joachim II. 1542 den Bau eines Jagdhauses veranlaßte. Aber erst 1770, als Friedrich II. sein Jagdzeug in das neue »Grunewald-Magazin« am Jagdschloß bringen ließ, wuchs das Interesse an der abgelegenen Residenz. Einzig das kurfürstliche Wappen am Giebel überlebte die nachfolgenden Umbauten. Seit Beginn des 19. Jahrhunderts fanden hier nun bis 1970, in Anlehnung an alte Traditionen, jährlich die großen Hubertusjagden statt, die einstmals stets vom Monarchen angeführt und nur von Herren des Hofes begleitet werden durften. Nach üppigem Tafelgelage im Schloß saß man auf und ritt zur Saubucht, wo die wilde Hetzjagd auf auserlesenes Schwarzwild begann. Den Abschluß bildete wieder ein festliches Essen in den königlichen Schloßgemächern. In südwestliche Richtung kehren wir zur Havel zurück und erreichen den Wannsee, der zweifellos bekannteste See in Berlin.

Seit 1837 zieren eine große Sammlung von Hirschgeweihen sowie wertvolle Jagd- und Porträtgemälde die Schloßräume.

Wannsee Der See ist nicht nur ein Eldorado für Wassersportler, sondern ebenso beliebt bei all denjenigen, die einfach nur am Ufer liegen oder in einem netten Restaurant mit schöner Umgebung sitzen möchten. Am 1 300 m langen und 80 m breiten *Strandbad*, dem größten europäischen Binnenseebad, wird man an heißen Tagen kaum noch ein Plätzchen finden, Sonnenanbeter und »Wasserratten« drängen sich dicht an dicht.

Das Strandbad wurde bereits 1907 eröffnet, als Frauen und Männer noch getrenne Strandabschnitte aufsuchen mußten.

Mit dem Ort Wannsee verbindet sich auch ein schreckliches Ereignis der Neuzeit. Am 20. Januar

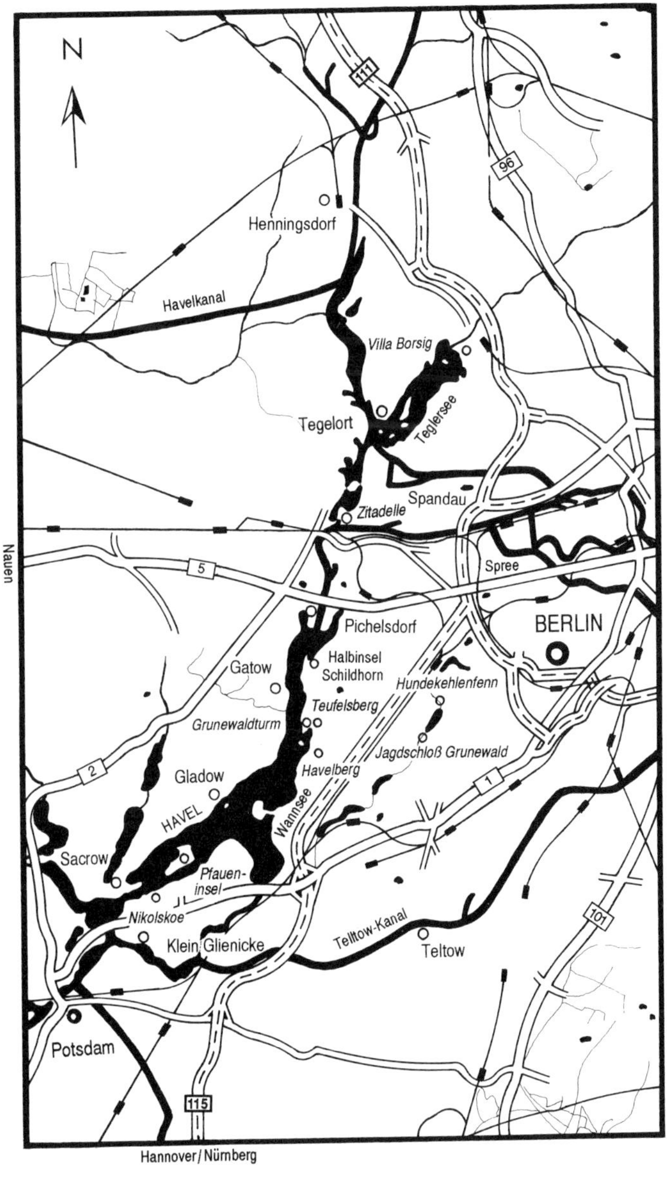
N
111
96
Henningsdorf
Havelkanal
Villa Borsig
Tegelort
Teglersee
Spandau
Zitadelle
Nauen
5
Spree
Pichelsdorf
BERLIN
Halbinsel
Schildhorn
Gatow
Hundekehlenfenn
Teufelsberg
Grunewaldturm
Jagdschloß Grunewald
2
Gladow
Havelberg
1
HAVEL
Wannsee
Sacrow
Pfaueninsel
Nikolskoe
Telltow-Kanal
101
Klein Glienicke
Teltow
Potsdam
115
Hannover/Nürnberg

1942 trafen sich in der *Wannseevilla* – Am großen Wannsee Nr. 56–58 – Führungsspitzen der Nazis, um die »Endlösung der Judenfrage« zu beschließen. In dieser Villa befindet sich heute eine Gedenkstätte, die an den Holocaust erinnert.

Für einen kurzen Moment entfernen wir uns nun von den Havelseen.

Das Gebiet des Forstes Düppel liegt wie auf einer Insel, die man per Ausflugsschiff in etwa 2 Stunden umrunden kann.

Forst Düppel Wenn wir uns auf die alte Königsstraße (heute B 1) in Richtung Potsdam begeben, taucht auf der linken Straßenseite plötzlich ein Schild auf – Zum *Blockhaus Nikolskoe* – ein etwas eigentümlich klingender Name in dieser Landschaft. Auf dem angezeigten Weg wird durch schönen Wald, leicht bergan, eine Gaststätte im Blockhausstil erreicht. Man sollte sich Zeit lassen und die hiesige Idylle bei einem guten Essen oder einem Glas Wein genießen – vor uns liegt nun wieder die breite Havel, gegenüber – schon im Brandenburgischen – der Wald um Sacrow, und rechts streift der Blick die Pfaueninsel.

Der Ortsname »Nikolskoe« ist russischen Ursprungs, er erinnert an die preußisch-österreichische »Heilige Allianz« mit Zar Nikolaus I. von Rußland gegen Napoleon. »Gehört Nikolaus« – so etwa kann der Name übersetzt werden. König Friedrich Wilhelm III. hatte diesen reizenden Fleck seiner Tochter Charlotte gewidmet, der Gemahlin von Zar Nikolaus. Erster Kastellan des dort errichteten russischen Blockhauses war damals ein alter, weißbärtiger Russe namens Iwan, der die Berliner mit seiner farbenfrohen russischen Nationaltracht erfreute. Zu dem 1819 errichteten Blockhaus gesellte sich 1837 die durch Friedrich Wilhelm III. geweihte *Bergkirche »St. Peter und Paul«*. Sein Sohn, der Kronprinz und spätere König Friedrich Wilhelm IV., hatte die erste Skizze entworfen, die Ausführung oblag F. A. Stüler. Der Sakralbau ist im Stil einer russischen Kirche gehalten, allerdings mit nur einem einzigen, kuppelgekröntem Turm.

Man erzählt, der König habe sich auf den See hinausrudern lassen, um den Bauplatz der Kirche persönlich festzulegen. Auf dem Berg postierte er Matrosen mit Flaggen und dirigierte sie solange hin und her, rauf und runter, bis der optimale Platz gefunden war. Pünktlich um zwölf wird hier heute das

Nach einer kurzen Ruhepause im Blockhaus »Nikolskoe« führt uns unser weiterer Weg entlang

der Havel, Richtung Jungfernsee zur Pfaueninsel.
Pfaueninsel Die 76 ha große Pfaueninsel trägt ihren Namen zurecht. Schon an der Fährstelle hört man im Sommer deutlich den Ruf der Pfauen. Die malerische Lage, der alte Baumbestand, die vielen Blumen und die historischen Bauten garantieren einen erholsamen wie abwechslungsreichen Ausflug. Bereits 1794–1797 entstand das *»Schloß«* mit zwei Türmen als eine Art künstliche »Ruine«. Trotz der ungewöhnlichen Bauart paßt es sich gut in die romantische Havellandschaft ein. Im Innern deutet allerdings nichts mehr auf ein Ruine hin, die Ausstattung ist edel und kostbar. Die Anregung dazu gab die Geliebte von König Friedrich Wilhelm II., Gräfin Lichtenau. Auch König Friedrich Wilhelm III. und seine Frau Luise hielten sich im Sommer gern hier auf. Nun wenden wir uns wieder dem Havelufer zu.

Nach dem Gasthaus Moorlake »empfängt« uns eine weitere malerische Parkanlage – *Klein Glienicke*. Beim Rundgang durch den Park wird wohl auch »Kulturverächtern« das gelungene Zusammenspiel von Gartengestaltung und Architektur bewußt. Und wer anderes als P. J. Lenné könnte dieses Kleinod geschaffen haben. Das *Schloß* selbst, 1764 als Landhaus errichtet, baute man für den Prinzen Karl von Preußen ab 1826 nach Plänen von K. F. Schinkel klassizistisch um. Zahlreiche antike und mittelalterliche Fragmente – »Reisemitbringsel« des Prinzen – wurden in die Bauten der Parklandschaft integriert, die sich u. a. an italienischen (das Kasino) bzw. griechischen (die Große Neugierde) Vorbildern orientierten. Das Ganze krönt der freie Blick auf die Havellandschaft.

Mit dem Schloß Glienicke haben wir die »Grenze« Berlins erreicht, von nun an begleitet uns die »Potsdamer Havel«.

Doch zuvor vielleicht noch ein Hinweis zu jenem Bauwerk, das uns auf dem Weg von Nikolskoe zum Park Klein Glienicke von der gegenüber-

Mittagsgebet gesprochen, zu dem auch Ausflügler eingeladen sind.

Im Schloß Pfaueninsel ist der klassizistische Große Saal besonders sehenswert. Weitere historische Gebäude im Park sind das Kastellanhaus, die Meierei, das Kavalierhaus und der Gedächtnistempel für Königin Luise.

Nach einem Besuch in Potsdam und Umgebung schrieb der junge Graf von Moltke an seine spätere Frau, daß er selten eine so geglückte Architektur- und Gartenkomposition gesehen habe wie hier.

Lohnenswert ist die »7-Seen-Rundfahrt« der Stern- und Kreisschiffahrt GmbH über Großen und Kleinen Wannsee, Pohl-, Stölpchen-, und Griebnitzsee, Glienicker Lake und Jungfernsee (ab Anlegestelle Wannsee).

liegenden Havelseite »grüßte«, die *Sacrower Heilandskirche.* 1844 im Stil einer altrömischen Basilika errichtet, schiebt sich der Säulengang ihres Kirchenschiffes bis ins Havelwasser. Für die gestreifte Fassade hat man blaue Kacheln und gelbe Ziegel verwendet. Der Turm trägt eine aus dem Jahre 1406 stammende Glocke, die älteste Potsdams. Bauherr war der Romantiker auf dem Thron, Friedrich Wilhelm IV.

28 Jahre lang blieb der Zutritt zur Kirche verboten, sie lag im Mauer-Sperrgebiet. Seit 1989 ist sie jedoch wieder ein »erreichbares« Schmuckstück in der Potsdamer Garten-, Park- und Schloßlandschaft.

Der besondere Tip:

Wanderroute mit märkischem Flair
Was könnte man bei einem Ausflug zur »hauptstädtischen Havel« besonders empfehlen? Vielleicht eine Wanderung, die so gar nicht zum Alltagsgesicht der Millionenstadt passen will und uns den Stadtstreß vergessen läßt. Am östlichen Rand des Grunewaldes liegen die sogenannten Grunewaldseen, eingebettet in eine aparte Wald- und Moorlandschaft. Hier gehören die prächtigen Villen zum Bild, die sich begüterte Berliner schon vor 100 Jahren errichten ließen. Ein besonderes Erlebnis ist das unter Naturschutz stehende Hundekehlenfenn, ein Hochmoor am gleichnamigen See. Ohne Übertreibung ein herrliches Fleckchen Erde, und kaum vorstellbar, daß es zu einer Millionenmetropole gehört. Doch die erhaltene Natur auf der 12 km langen Strecke zwischen den S-Bahnhöfen Grunewald und Nikolassee wird uns noch so manches Mal überraschen. Sie zeigt eine Beschaulichkeit, die Landschaftsmalern einmalig schöne Motive lieferte und immer noch liefert.

»Die Kronjuwelen des Havellandes – die Residenzlandschaft Potsdam«

Glienicker Brücke · Pfingstberg · Alexandrowka · Ruinenberg · Sanssouci · Linstedt · Bornstedt · Stadtzentrum · Moschee · Marstall · Babelsberg · Telegraphenberg

Anreise:
mit dem Auto *über die B 1 bis Stadtmitte Potsdam oder über die Autobahn A 10, Abfahrt Potsdam Nord oder Süd weiter über B 273 oder B 2 bis Stadtmitte*
mit der Bahn *bis Potsdam-Stadt bzw. der S-Bahn Linie S 3 ebenfalls bis Potsdam-Stadt*

Schloß Sanssouci

Geburtsurkunde – 993 war es, als in einer Schenkung Kaisers Otto III. an seine Tante auch der Ort Potstupini erwähnt wurde, was slawisch soviel wie »Unter den Eichen« heißt.

Als Casanova dem König die Aufwartung machte, soll es zu einem angeregten Gespräch gekommen sein, in dem Friedrich das Kompliment machte – »Vous êtes un très bel homme, Monsieur« (Sie sind ein sehr schöner Mann, Mein Herr).

»Nichts erinnert im preußischen Potsdam an den Pomp von Paris oder den Prunk von Wien, aber viel an die Wasserlandschaft der Loire oder die von Florenz.« Wolf Jobst Siedler

Nun endlich sind wir in Potsdam angekommen, in der wohl bekanntesten Havelstadt weit über die Grenzen Deutschlands. Was wurde im Jahr 1993, im Jahr des 1000 Geburtstages der alten Residenzstadt, nicht alles über Potsdam geschrieben – Bücher, Artikel, die bestimmt mehrere Regale füllen würden. Vielleicht denken Sie jetzt auch – schon wieder Potsdam. Und trotzdem sei diese Stadt jedem Besucher des Havellandes ans Herz gelegt. Sie ist seit den Zeiten Friedrichs II. ein »touristisches Muß«. Wie sagte schon Chevalier de Seingalt, genannt Casanova – in Rom läßt man sich beim Papst melden; die Audienz im Vatikan gehört zu den Pflichtübungen aller Besucher von Stand, in Potsdam muß man den legendären König besichtigt haben. Nun, seit 1993 ist zumindest die Besichtigung der Begräbnisstätte des legendären Königs möglich. Mit 200jähriger Verspätung wurde der Sarg mit den Gebeinen Friedrichs II. von der Burg Hohenzollern bei Hechingen in Baden-Württemberg seinem Wunsch gemäß in seine Residenz Potsdam verlegt. Aber weit beindruckender präsentieren sich die Werke der Preußenkönige – die herrlichen Park- und Gartenlandschaften an der Havel mit ihren Schlössern stehen noch und sind zurecht zum Weltkulturgut ernannt. Doch nicht nur das Bekannte macht einen Besuch lohnenswert. Vieles liegt am Rande der ausgetretenen Touristenpfade. Begeben wir uns also auf einen Spaziergang nicht nur durch Sanssouci, sondern auch durch abgelegene Winkel beiderseits der Havel.

Glienicker Brücke Gleich zu Beginn eines Potsdambesuches, wenn man von Berlin über die alte Königsstraße in die Stadt kommt (heute B 1), erreichen wir die Glienicker Brücke, eine Brücke besonderen Ranges. Zwar verbindet die jetzt hier stehende Konstruktion erst seit 1909 Berlin mit Potsdam, aber Vorläufer gab es seit mindestens 400 Jahren. Heute ist der weiße »Strich« in ihrer Mitte nur eine Linie, bis 1990 war er Symbol der deutschen Teilung. Hier verlief die Grenzlinie zwischen

Glienicker Brücke

Westberlin und der DDR. Die »Linie« wurde in vielen Filmstudios der Welt »kopiert«, denn hier erfolgte der in so manchen Spionagefilmen dargestellte Agentenaustausch zwischen Ost und West.

Auf Potsdamer Seite angekommen, sollten wir verweilen, um den herrlichen Blick auf die Havellandschaft zu genießen. Im Südosten, über dem Tiefen See, »blickt« das *Schloß Babelsberg* wie eine mittelalterliche Anlage mit Türmen und Zinnen von der Höhe herab. Hinter uns, im Westen, sind das Schloß und der wunderschöne *Park Klein Glienicke* zu sehen. In nördliche Richtung breitet sich die weite Wasserfläche des *Jungfernsees* aus.

Ab der Glienicker Brücke kann man sich auch einer Fahrt mit den Ausflugsschiffen der »Flotten« aus Potsdam und Berlin anschließen.

Neuer Garten und Pfingstberg Gleich nach der Glienicker Brücke verläuft ein Fahrweg parallel zum Jungfernsee, der zum Neuen Garten führt. In dieser zweiten großen Parkanlage Potsdams steht neben dem Marmorpalais das *Schloß Cecilienhof*. Dieses erst 1917 für den Kronprinzen Wilhelm fertiggestellte, efeuumrankte Gebäude im

Stil eines englischen Landhauses spielte 1945 eine große Rolle in der Weltgeschichte. Vom 17. Juli bis 2. August war Cecilienhof »Schauplatz« der Potsdamer Konferenz der Siegermächte des Zweiten Weltkrieges. Vom Schloß aus verbleiben noch gut 10 Minuten Fußweg, bis entlang der Pfingstbergstraße der Pfingstberg erreicht wird, einer jener abseits gelegenen Orte, zu denen sich kaum Besucher »verirren«. Hier steht das derzeit noch etwas verfallene *Belvedere*. Die in zwei Bauphasen (1849/52 und 1860/1862) nach den Plänen von F. A. Stüler und L. F. Hesse sowie Ideenskizzen von Friedrich Wilhelm II. und F. L. Persius entstandene Anlage stellt nur eine reine Schauarchitektur dar, denn im Innern befinden sich lediglich zwei nutzbare Räume.

Der Förderverein Pfingstberg e.V. bemüht sich um die Rekonstruktion des Belvederes. Erster Erfolg dieser Bemühungen ist die abgeschlossene Rekonstruktion des Pomonatempels auf dem Pfingstberg 1993.

Alexandrowka In östliche Richtung, vorbei am ehemaligen Jüdischen Friedhof, führt uns unser Weg zu der in Mitteleuropa einmaligen russischen Kolonie Alexandrowka. Zuerst sehen wir die Kapelle, *Kirche des »Heiligen Alexander Newski«*, die sich auf einer kleinen Anhöhe befindet. Wenn der Bau auch etwas winzig erscheint, man sollte schon ins Innere schauen (ganztägig geöffnet). Obwohl sich die 1829 im Beisein des russischen Zaren Nikolaus eröffnete Kirche von ihrer Ausstattung her relativ einfach und bescheiden gibt, so strahlt sie doch durch die Ikonenwand, den reich geschmückten Altar und den Duft von Weihrauch und brennenden Kerzen etwas von der Feierlichkeit und Erhabenheit der Ostkirche aus. Interessanterweise ist dieses Gotteshaus seit der Erbauung immer eine Stätte der russisch-orthodoxen Kirche geblieben, das Moskauer Patriarchat ließ die Stelle des Popen nie unbesetzt. Unterhalb des Hügels stehen weit verstreut die 12 Gebäude im Stil sibirischer Holzhäuser. Ihre Entstehung liegt 170 Jahre zurück. Am 10. April 1826 wurde die Kolonie durch eine »Allerhöchste Cabinets-Order« für russische Soldaten, die einem Sängerchor angehörten, gegründet. Es lohnt der Blick aufs Detail – schöne Schnitzereien,

Die Kirche entstand 1826–1829 nach Plänen des Petersburger Architekten W. P. Stasow. Die Ausgestaltung erfolgte unter Mitwirkung K. F. Schinkels.

Von den 500 Soldaten, die das preußische Hilfskorps 1812 in Kurland gefangen nahm, wurden auf

Ornamente, überhaupt die Holzarchitektur, ein einzigartiges Beispiel der Ausprägung russischer Bauformen außerhalb des Ursprungslandes.

Ruinenberg Wir setzen unseren Rundgang über die Pappelallee fort, die von der russischen Kolonie nach Osten abzweigt. Bald darauf gelangen wir zur Ruinenbergstraße, die bergan zu einem eigenwilligen Bauwerk führt – eine antike Illusion. Wie kann man wohl auf die Idee kommen, Ruinen zu bauen? Diese scheinbare »Schrulle« entwickelte sich als Modeerscheinung im 18. Jahrhundert. Verkehrsverbindungen wie heute, die uns in wenigen Stunden Stätten der Antike in Italien oder Griechenland erreichen lassen, waren damals nur ein Traum. Doch der Ruf dieser großartigen Architektur hatte längst die nördlich der Alpen liegenden Gebiete erreicht. Um sich auch hier ihres Anblicks zu erfreuen, baute man sich, so es das »Kleingeld« zuließ, eben seine antiken »Reste« selbst. Diesem Modetrend entsprechend entstand 1748 auf der Anhöhe nördlich des Schlosses einer jener Illusions-Bauten. Die *Ruinen* erfüllten nebenbei aber auch den praktischen Zweck als Umbauung eines großen Wasserbeckens, das eigentlich die Fontänen im Park speisen sollte. Dem Unterfangen war allerdings damals nur wenig Glück beschieden, erst ein Jahrhundert später gelang es durch den Bau des neuen Pumpenhauses und den Einsatz einer Dampfmaschine, Wasser auf den Berg zu pumpen.

Nur wenige Meter entfernt, direkt vor uns, liegt das Schloß Sanssouci mit seinem Ehrenhof. Von dem auch in der Hauptsaison kaum von Touristen besuchten Teil der Parkanlage um den Ruinenberg begeben wir uns nun in das Gewimmel der Besucher, zum Schloß Sanssouci.

Schloß Sanssouci Auf dem Programm eines jeden Touristen in Potsdam steht »Sanssouci« ganz oben oder ist oftmals gar der einzige Eindruck, der von der Stadt mitgenommen wird. Vom Ruinenberg kommend, betreten wir Sanssouci durch die *Kolonnaden des Ehrenhofes*. Hier wurden einst die

Wunsch des Königs 62 zur Bildung eines Sängerchores ausgegliedert. Sie gehörten ab 1815, nach den Napoleonischen Befreiungskriegen, dem 1. Garderegiment zu Fuß in Potsdam an.

Nur einmal war Friedrich II. ein kurzer Anblick der Fontänen im Park vergönnt, als sich nach einem schneereichen Winter das Becken ausreichend mit Wasser gefüllt hatte.

Führungen durch die Schloßräume finden für max. 30 Besucher etwa alle 30 min. statt.

Schloß Babelsberg

Frische Trauben gehörten auf die königliche Tafel, genauso wie Feigen, die hinter Glaskästen wuchsen, und Kirschen, Pflaumen, Birnen, deren Bäume die Terrassen flankierten.

Gäste des Hofes begrüßt. Die Gartenseite liegt nach Süden. Als Friedrich II. seinem Baumeister, H. G. W. v. Knobelsdorff, 1744 den Auftrag zum Bau des Schlosses gab, war der Hügel außerhalb der Stadt bereits zu einem *Weinberg* terrassiert. Das *Schloß* entstand nach Skizzen Friedrichs II. und Entwürfen von Knobelsdorff 1745–1747. Ihm merkt man in seiner baulichen Bescheidenheit noch heute die private Bestimmung an. Hier wollte der König Freunde empfangen. Auch in der Inneneinrichtung sind der Geschmack des Bauherren und das Können des Architekten allgegenwärtig.

Am 17. Juli 1750 traf eine der berühmtesten europäischen »Geistesgrößen« am preußischen Königshof in Potsdam ein: Francois Marie Arouet, genannt Voltaire. Es war sein zweiter Aufenthalt in der Residenz Friedrichs II., des »Philosophen von Sanssouci«. Diesmal hielt es Voltaire, Friedrichs langjähriger Brieffreund, knapp drei Jahre im »Sparta des Nordens« aus. Voltaire wurde mit Geld und Ehren überhäuft, bekam ein fürstliches Gehalt und den »Pour le merite«, den höchsten Orden Preußens obendrauf. Fortan schaute Europa nach Potsdam und Sanssouci. Friedrich, dessen Ruf durch den Raub Schlesiens Schaden genommen hatte, konnte keinen besseren »Werbemanager« für die Aufbesserung seines Images als moderner, aufgeklärter Herrscher finden. Voltaire avancierte zum glanzvollen geistigen Mittelpunkt der berühmten »Herrenabende« im Schloß.

Das Schloß war bald Treffpunkt der sogenannten Herrenabende, bei denen sich der Hausherr auf Kosten aller belustigte. Man mußte sehr schlagfertig sein, um hier bestehen zu können. Voltaire gilt als der berühmtste Gast dieser »Gesprächsrunden«.

Trotz allen Andrangs, irgendwann sollte man das Schloß besichtigen, den »Glanzpunkt« der Potsdamer Park- und Gartenlandschaft.

Doch wie nun weiter? Es gibt so viele Attraktionen: Neues Palais, Römische Bäder, Chinesisches Teehaus, Charlottenhof oder die *Neue Orangerie*. Letztere, ein gewaltiges, mehr als 300 m langes Bauwerk, liegt nur wenige hundert Schritte westlich des Schlosses. Es bietet von ihrem Mittelteil, der sogenannten Galerie, einen herrlichen Blick über die gesamte Parkanlage bis zur Havel.

Das Neue Palais diente dem allerletzten regierenden Hohenzollern, der den Thron seiner Ahnen bestieg, Wilhelm II. als Wohnort bis zu seiner Abdankung im Jahre 1918.

Bornstedt Nur einige hundert Meter nördlich erblicken wir die Kirche von Bornstedt, einem kleinen Vorort der Stadt. Sie ist eines der »Schmuckstücke« am Rande von Potsdam. Der jetzige Kirchenbau, 1855/56 nach einem Entwurf von F. A. Stüler erbaut, bildet mit seinem Säulengang, von der Ostseite der Basilika zum Glockenturm führend, ein interessantes Architekturensemble. Die Bornstedter Kirche gehört zu den schönsten Beispielen der vielen, italienisch anmutenden Kirchen um Potsdam.

Die Kirche wurde auf Wunsch von König Friedrich Wilhelm IV., dem Italienliebhaber, errichtet.

Lindstedt Genauso selten wie nach Bornstedt gelangen Besucher nach Lindstedt, das sich nur

Friedrich Wilhelm IV. hatte noch als Kronprinz das Gut Lindstedt einer Frau von Bülow abgekauft. Diese Frau von Bülow war die Urgroßmutter Vicco von Bülows, besser bekannt als Loriot, der sich heute für den Erhalt vieler Gebäude Potsdams engagiert.

wenige Minuten nördlich des Neuen Palais' befindet. Auch hier griff Friedrich Wilhelm IV. ein und ließ die ehemalige Villa des Forstbeamten Achatius Daniel Lindstedt zu einem *Schlößchen* umbauen. All seine Bestrebungen galten nur einem Ziel, Potsdams Umgebung in ein »geschmücktes Feld« zu verwandeln. Mit dem Säulengang, der leuchtend ockergelben Farbe und dem schönen Park kann man wohl sagen, daß es zumindest hier glückte.

Vom Schloß Lindstedt begeben wir uns über die Lindstedter Chaussee zum Neuen Palais im Park Sanssouci und über die Hauptallee am Schloß in Richtung »Grünes Gitter«. Wer möchte, kann über den Ökonomieweg noch einen kleinen Abstecher zum *Marlygarten* mit der *Friedenskirche* machen. Auch sie entstand nach Ideen Friedrich Wilhelms IV. sowie Plänen von F. L. Persius nach italienischen Vorbildern. Ihr wertvollsten Schmuck bildet das große Mosaik mit christlichen Darstellungen in der halbrunden Apsis.

In der Gruft der Friedenskirche sind die Särge König Friedrich Wilhelms IV. und seiner Gemahlin zu sehen. Direkt vor dem Eingang steht ein kleines Mausoleum mit den Särgen Kaiser Friedrichs III. und Friedrich Wilhelms I. (Soldatenkönig).

Wir verlassen nun den Schloßpark über die Allee nach Sanssouci und gelangen in die Innenstadt.

Stadtzentrum Man bemerkt sofort einen der großen Vorzüge der Landeshauptstadt – Parkanlagen und Stadt liegen in unmittelbarer Nähe zueinander. Durch das *Brandenburger Tor* erreichen wir das Stadtzentrum, das eher kleinstädtisch wirkt. Die Häuser, die hier stehen, zweistöckig mit einer Dachkammer, wurden vor über 250 Jahren errichtet. König Friedrich Wilhelm I., der Vater Friedrichs II., hatte Potsdam als seine Residenz erkoren und ließ sie planmäßig ausbauen. Man spricht von zwei sogenannten barocken Stadterweiterungen. Beispielsweise entstand das *Holländische Viertel* innerhalb der zweiten Neustadt unter Leitung von J. Boumann und mit Hilfe holländischer Bauleute – eine städtebauliche Besonderheit, die in Europa ihresgleichen sucht. Mehr als 130 Häuser aus roten Ziegeln stehen nahe der Kirche Peter und Paul und dienten nach 1734 der Aufnahme holländischer Siedler, die der König ins Land holte. Wenn auch

In den sogenannten Giebelstuben waren je 2–4 Soldaten einquartiert, die am allabendlichen Zapfenstreich angeblich an die Fenster treten mußten, damit man sie auf »Vollständigkeit« überprüfen konnte.

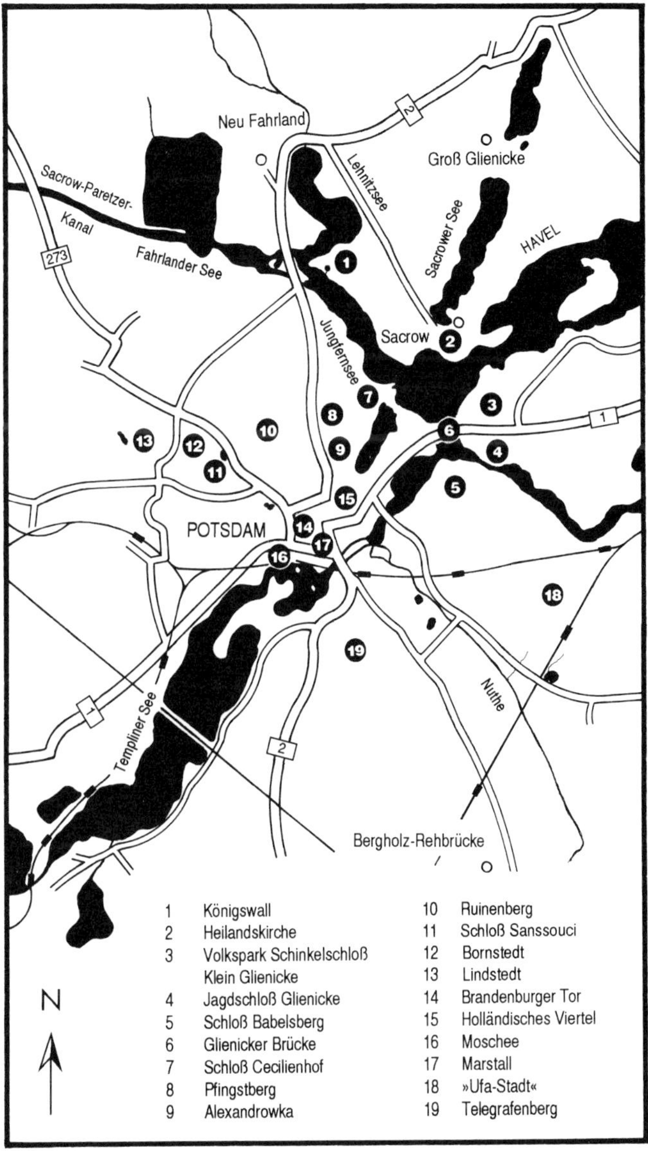
Neu Fahrland
Groß Glienicke
Lehnitzsee
Sacrow-Paretzer-Kanal
Sacrower See
HAVEL
273
Fahrlander See
Sacrow
Jungfernsee
Berlin
1
2
POTSDAM
Brandenburg
Templiner See
Nuthe
Bergholz-Rehbrücke
N
1 Königswall
2 Heilandskirche
3 Volkspark Schinkelschloß Klein Glienicke
4 Jagdschloß Glienicke
5 Schloß Babelsberg
6 Glienicker Brücke
7 Schloß Cecilienhof
8 Pfingstberg
9 Alexandrowka
10 Ruinenberg
11 Schloß Sanssouci
12 Bornstedt
13 Lindstedt
14 Brandenburger Tor
15 Holländisches Viertel
16 Moschee
17 Marstall
18 »Ufa-Stadt«
19 Telegrafenberg

dieses Viertel ein schönes Beispiel der umfangreichen Sanierungsarbeiten im heutigen Potsdam ist, so zeigen doch die Seitenstraßen noch oft sehr eindringlich den Verfall der letzten 40 Jahre.

Als Vorbild diente die maurische Kathedrale von Cordoba.

Moschee Zu den »Kuriositäten« der Stadt Potsdam zählt das Pumpwerk in der Breiten Straße direkt an der *Neustädter Havelbucht*, denn dieses zeigt sich in einem »außergewöhnlichen Gewand«, es hat die Gestalt einer Moschee. Von hier aus wurden die Fontänen von Sanssouci mit Havelwasser versorgt. Friedrich Wilhelm IV. nutzte die fortgeschrittene Technik, er ließ 1842 eine Dampfmaschine errichten und diese so wunderschön umbauen. Eine schönere »Dampfmaschine« gibt es in Deutschland wohl nicht.

1960 erfolgte der Abriß des schwer beschädigten Schlosses auf Befehl Ulbrichts, der das alte Preußen, als dessen »Hort« Potsdam galt, endgültig aus der Erinnerung löschen wollte.

Die 1994 neugestaltete Ausstellung veranschaulicht das Spannungsfeld von Unterhaltung, Propaganda und Kunst.

Marstall Viele Bauwerke könnte man noch erwähnen, doch eines sollte bei einem längeren Potsdamaufenthalt keinesfalls unbeachtet bleiben. Die Rede ist vom Marstall am Ende der Breiten Straße, der einst den nördlichen Abschluß vom Lustgarten des *Stadtschlosses* bildete. Stadtschloß und der »Glanz« des ehemaligen Renommierplatzes, der Alte Markt, fielen der Bombennacht vom 14. April 1945 und der darauffolgenden »Bilderstürmerei« der SED-Gewaltigen zum Opfer. Der Marstall war ursprünglich als Orangerie entstanden, diente unter Friedrich Wilhelm I. dann als Reitstall. H. G. W. v. Knobelsdorff gab ihm 1746 seine heutige Form. Die Ringkolonnaden verbanden damals Marstall und Schloß. Seit 1979 wird der Marstall als *Filmmuseum* genutzt. Kindheitserinnerungen werden hier beim Anblick Münchhausens auf der Kanonenkugel oder der Schuhe des Kleinen Muck wieder lebendig. Das Museum zeigt anschaulich die filmischen Leistungen der UFA und DEFA seit 1917 in der einst zweitgrößten Filmstadt Potsdam-Babelsberg (nach Hollywood), aber auch den Mißbrauch zu Propagandazwecken.

»UFA-Stadt« Viele der Stars der Glanzzeit der UFA lebten ganz in der Nähe des Filmgeländes. Sie machten das kleine *Babelsberg am Griebnitzsee* zum Vorort der »Traumfabrik«, zum »Beverly Hills« von Potsdam. Noch heute sind die Spuren zu verfolgen, auch wenn mit verblichenem Ruhm der Leinwandgrößen der 30er und 40er Jahre die Herrlichkeit gewichen ist. Verwahrloste Gärten und Ziertürme, von denen der Putz abbröckelt, aber auch schon neugestaltete Fassaden, begleiten uns auf einem Rundgang durch die Karl-Marx- (früher Kaiser-) Straße und deren Nebenstraßen.

Trotz nostalgischer Gefühle für die Leinwandstars früherer Zeiten, sollten die oft ungeklärten Umstände des Grundstückerwerbs nicht vergessen werden. Ab 1936 wurden die Villen den einst hier lebenden jüdischen Hausbesitzern zu Spottpreisen »abgekauft« und an die Stars weiterveräußert. Überwacht wurde dies vom »Oberregisseur« J. Goebbels, der damals »Bock von Babelsberg« hieß. Auch als der Nazi-Spuk endgültig vorbei war, blieb die vornehme *Karl-Marx-Straße* der Wohnort der VIP's: Zur Unterzeichnung des Potsdamer Abkommens gastierte Stalin im Haus Nr. 28 und der amerikanische Präsident Truman im Haus Nr. 2. In diesem Gebäude gab er im August 1945 auch den Befehl zum Atombombenabwurf auf Hiroshima.

Karl-Marx-Straße Nr. 10, das ehemalige Gästehaus der UFA, bewohnte bis 1938 Heinz Rühmann, Rosa-Luxemburg-Straße Nr. 22 war Wohnhaus des Sängers Richard Tauber bis zu seiner Emigration 1933, in das Haus Johann-Strauß-Platz Nr. 11 zog 1939 Brigitte Horney ein, in die Villa Domstraße Nr. 28 1938 Marika Rökk.

Wenn wir nun schon einmal im Ortsteil Babelsberg sind, sollten wir auch Park Babelsberg am Tiefen See einen Besuch abstatten.

Schloß Babelsberg Schon 1826 hatte Prinz Wilhelm von Preußen die Absicht, auf dem Babelsberg einen Sommersitz zu erbauen. Nach seiner Verheiratung mit Prinzessin Augusta von Sachsen-Weimar überließ ihm sein Vater das Gelände. K. F. Schinkel erarbeitete Pläne für ein Schlößchen im Tudorstil, auf die die Prinzessin intensiv Einfluß nahm. Nach der ersten Bauphase 1834/35 wurde es aus Repräsentationsgründen 1844/49 erweitert. Nach dem Schinkels Tod führte bis 1845 F. L. Persius die Arbeiten weiter, danach griff J. Strack in das Baugeschehen ein und gestaltete nun nach eigener Fasson. Herausgekommen ist

Schloß Babelsberg war die sommerliche Lieblingsresidenz Kaiser Wilhelms I. (1790–1888)

Hier in Babelsberg wurde auch 1862 Otto von Bismarck zum preußischen Ministerpräsidenten ernannt.

ein bis heute in der Kunstgeschichte umstrittener Bau, ein *»Mittelalterschloß«*. Und trotzdem, Türme, Terrassen, romantische Erker sind hübsch anzuschauen.

Der 94 m hohe Berg erhielt 1832 seinen Namen, als hier ein optischer Telegraf zur Nachrichtenübermittlung gebaut wurde (Strecke Berlin–Koblenz).

Telegraphenberg Das Potsdam Erstaunliches, nicht nur aus der königlichen Vergangenheit, zu bieten hat, soll ein letzter Abstecher zeigen. Auf dem sogenannten Telegraphenberg in der *Teltower Vorstadt* südlich der Havel, sind Ende des vergangenen Jahrhunderts die Gebäude des *Astrophysikalischen Instituts* entstanden. Formsteine und Klinker in bunter Keramik zeugen vom einfallsreichen Bauen in Wilhelminischer Zeit. 1920 kam der *Einsteinturm* hinzu, erbaut von E. Mendelsohn als Sonnenobservatorium, um Einsteins Relativitätstheorie auch experimentell nachzuweisen. Mendelsohn lieferte hier ein bedeutendes Beispiel expressionistischer Baukunst der damaligen Zeit. Der Turm mit fließenden Stromlinien gleicht einer Plastik – Höhlenromantik, Lasten, Schweben, freie Form und Symmetrie bilden eine einzigartige Einheit, ein Klassiker moderner Architektur.

Der besondere Tip:

Ein steinernes Geschichtsbuch

Nach der Besichtigung der schönen Bornstedter Kirche sollte man einen Spaziergang über den Kirchhof machen. Eigentlich ein Dorffriedhof, schildert er doch ohne gesprochene Worte, nur durch seine Gräbstätten, brandenburgisch-preußische Geschichte der letzten 300 Jahre. Hier wurden sie alle begraben, jene, die dem Hofe nahestanden, oder berühmte Potsdamer mit Ausnahme der Könige. Grabgewölbe und Grabmäler u. a. von Peter Joseph Lenné (Gartendirektor von Sanssouci) 1789–1866, Ferdinand Ludwig Persius (Baumeister) 1803–1845, der Familie des Hofgärtners Johann Samuel Sello 1715–1787 künden anschaulich, vor allem durch ihre Inschriften, vom Wirken jener »Berühmtheiten«. Sie stehen aber auch für die Vergänglichkeit alles Irdischen. Wunderschön ist die ganze Anlage mit ihren alten Bäumen, Blumen und Sträuchern.

»Seenlabyrinth zwischen Potsdam und Brandenburg«

Caputh · Schwielowsee · Petzow · Werder · Töplitzer Werder · Marquardt · Paretz · Bruchlandschaft Ketzin · Götzer Berge

Anreise:
mit dem Auto *über die B 1 bis Werder bzw. Caputh und Weiterfahrt entsprechend nächstgewähltem Reiseziel*
mit der Bahn *bis Potsdam-Pirschheide, Weiterfahrt bis Caputh bzw. Werder, mit dem Bus ab Werder nach Götz bzw. Ketzin*

Werder aus der Vogelperspektive

Im Potsdamer Seengebiet macht die Havel einen deutlichen Richtungswechsel. Seit der Quelle führte sie ihr Weg stets Richtung Süden, nachdem sie jedoch den Schwielowsee passiert hat, nimmt die Havel nun Kurs nach Westen.

Unsere weitere Reise führt uns nun zu den Seen der Potsdamer Umgebung.

Wie schon im Berliner Stadtgebiet, so bildet die Havel auch um Potsdam ein regelrechtes »Seenland«, das im Ergebnis der letzten Eiszeit entstand. Ab Werder folgt bis Brandenburg ein solches Gewirr von abzweigenden und einmündenden Neben-, Seiten- und Altarmen, immer wieder von seenartigen Erweiterungen der Havel unterbrochen, daß man Mühe hat, den Hauptarm des Flusses nicht aus den Augen zu verlieren. Dieses Gebiet ist zweifellos die »Perle« des Havellandes. Am besten können wir das Seenparadies zwischen Werder und Brandenburg vom Wasser aus entdecken. Wer möchte, begebe sich also an Bord, zum Beispiel in Potsdam, um sich für einige Stunden auf einem Ausflugsschiff den Reizen dieser Wasserwelt hinzugeben. Übrigens ist dieses Freizeitvergnügen keine Erfindung der Neuzeit, schon vor über 150 Jahren verlustierte sich auf den einfachen Vorläufern der heutigen »Havelschwäne« das »gemeine Volk«. Die königliche Familie zerstreute sich bereits vor 300 Jahren gern auf dem Wasser und fuhr natürlich standesgemäß auf einem vergoldeten Luxusschiff. Aber auch wer lieber an Land bleibt, ob nun zu Fuß, per Rad oder Auto, wird vielfältige Eindrücke sammeln können.

Friedrich I. ließ sich sein Luxusschiff in Form eines Kriegsschiffes der Phönizier in Holland bauen.

Am Ostufer des Templiner Sees erstreckt sich die Potsdamer Heide mit dem Kieskutenberg, den Schönen Bergen, den Ravensbergen und dem Saugartenberg.

Caputh Am Ostufer des *Templiner Sees* entlang führt uns der Weg von Potsdam zunächst nach Caputh. Links der Strecke steigt das Gelände steil an. Es gehört zu jenem Höhenzug, der sich von Potsdam bis Ferch ausbreitet und von dessen höchsten Punkten man hier und da weit über das Havelland, teilweise bis Berlin, blicken kann. Der kleine Ort Caputh liegt an der schmalsten Stelle zwischen Templiner- und *Schwielowsee* und ist heute neben Ferch und Werder, ein Inbegriff für die wald- und wasserreiche Potsdamer Umgebung. Einer der großen Verehrer dieses schönen Fleckchens war der Große Kurfürst, Friedrich Wilhelm, der hier 1673 das Gutshaus des Generalquartiermeisters Philipp de la Chièze übernahm und es zum *Schloß* umbauen ließ. Trotz aller Veränderungen gilt es noch heute als eines der wenigen frühbarocken Bauwerke der Mark. In dem Schlößchen hielt sich vor allem die Kurfürstin Dorothea auf. Auch Sophie-Charlotte, die Ehefrau des folgenden Kurfürsten, der 1701 erster preußischer König wurde (Friedrich I.), weilte sehr gern hier. Später – die nachfolgenden preußischen Herrscher lebten spartanischer – geriet die Anlage in Vergessenheit. Nach der letzten Nutzung als Berufsschule wird heute an der Wiederherstellung gearbeitet. Wenn wir vom Schloß und der danebenstehenden *Kirche* – erbaut 1848 im neuromanischen Stil – nach rechts abbiegen, treffen wir bald auf die Seilfähre am *Gemünde*, der schmalsten Havelstelle in weiter Umgebung. Am besten, setzt man sich in die Gaststätte am *Fährhaus* und schaut dem Kommen und Gehen zu. Vorbeifahrende Ausflugsschiffe und Lastkähne erinnern daran, daß die Caputher einst von der Schiffahrt und dem Schiffbau lebten. Besonders im letzten Jahrhundert nahm diese Branche einen ungeahnten Aufschwung, als Baumaterial für Berlin in riesigen Mengen transportiert wurde. Gleich daneben befindet sich der *»Müllerhof«*, eine schon mehr als 100 Jahre bestehende Gaststube, die viele märkische Prominente gesehen hat, so u. a. Graf Zeppelin, Schauspieler der Ufa und natürlich Albert Einstein, den berühmtesten Caputher. Freunde schenkten ihm einst eine Segeljolle, die er gern auf dem Schwielowsee ausprobierte. Alte Caputher schildern ihn als einen Mann in abgetragenen Cordhosen mit offenem Hemd und wilder, weißer Haarmähne, der oft durch den Sand stapfte, um sich unter Bäumen zum Lesen niederzulassen. Womit wieder einmal belegt wäre, daß Genie und tadelloses Outfit nicht zwangsläufig zusammengehören.

Schwielowsee Hinter Caputh zweigt die Havel nach Norden in Richtung Werder ab. Zuvor sei aber jedem ein Spaziergang um den Schwielowsee emp-

Einst diente das Schloß den von Rochows als Wohnsitz, war später Jagdhaus und dann Lustschloß.

Durch den Bau des Sacrow-Paretzer-Kanals 1874/75 verlief der Schiffsverkehr seitdem nördlich von Potsdam und Caputh.

Spezialität des »Müllerhofes« ist die Havellandküche. Über 60 Wild-, Fisch-, Geflügel- und Fleischgerichte werden jedem Geschmack gerecht.

Einstein lebte von 1929–1932 in seinem Sommerhaus in der Waldstraße.

fohlen – und das aus zwei Gründen, erstens, um die Ausblicke zu genießen, und zweitens, um Petzow einen Besuch abzustatten. Immer am Ufer entlang, mit Blick auf den See, gelangen wir jedoch zunächst nach *Ferch*, einem kleinen Erholungsort mit hübschen schilfgedeckten Häusern. Wenn Zeit vorhanden ist, sollte man sich die Mühe machen, über eine enge Bergstraße den *Wietkiekenberg* zu »besteigen«. Genauso wie beim Krähenberg bei Caputh bietet der Weg dorthin einzigartige Rundblicke über das Potsdamer Havelland. Weiße Segel gleiten in der Ferne dahin, Motorboote hinterlassen lange Furchen auf dem ruhigen Wasserspiegel, bis sie als kleiner Punkt am Horizont verschwinden. Wer den See betrachtet, mag begreifen, warum ihm die Slawen den Namen »brennender See« verliehen. Die weite Wasserfläche strahlt und glitzert im Sonnenlicht der Sommertage, so daß man geblendet wird. Aber auch im spärlichen Licht des Herbstes leuchtet die Wasserfläche noch in silbrigem Glanz. Doch Wassersportfreunde aufgepaßt, der Schwielowsee kann bei Westwind und plötzlich aufkommendem Sturm sehr gefährlich werden.

Der Schwielowsee, die südlichste Ausbuchtung der Potsdamer Havel, ist mit 840 ha die größte Havelbucht. Der See und seine reizvolle Umgebung lieferten bereits dem Maler Karl Hagemeister vor über 100 Jahren vielfältige Motive.

Petzow Etwa 3 km nördlich von Ferch liegt der kleine Ort Petzow, ein romantisches Dörfchen. Der aufmerksame Betrachter wird vielleicht schon in Ferch auf der gegenüberliegenden Uferseite ein etwas fremd wirkendes Gebäude entdeckt haben. Dessen burgähnliche Türme scheinen sich nicht so recht in die märkische Landschaft einzufügen. Was steckt dahinter? 1825 errichtete K. F. Schinkel im Auftrag der Gutsbesitzerfamilie Kähne ein neues *Gutshaus*. Als Vorbild wählte man einen mittelalterlichen Rittersitz, der aber auch Stilelemente italienischer Kastell- und englischer Tudorstilarchitektur enthält. Diese romantisierende Bauweise trifft man in der Schlösser- und Gartenlandschaft um Potsdam häufiger (u. a. Schloß Babelsberg) an. Das schönste an diesem schloßähnlichem Gutshaus bleibt

Das Schloß wird heute als Hotel und Gaststätte genutzt. Besonders an schönen Sommertagen kann man den herrlichen Ausblick von der Schloßterrasse bei einem Glas Wein oder einer Tasse Kaffee genießen.

Schloß Petzow

jedoch seine Einbettung in die Landschaft, die in Wirklichkeit künstlichen Ursprungs ist. P. J. Lenné, der berühmteste preußische Gartengestalter, schuf sie 1820. Den Mittelpunkt bildet der von Menschenhand angelegte Haussee, um den sich zahlreiche Wege winden. Anmutige Durchblicke auf die weite Wasserfläche des Schwielowsees vervollkommnen das Bild. Wer möchte, kann von hier aus mit den Ausflugsschiffen nach Caputh, Ferch, Werder und Potsdam seine Reise fortsetzen.

P. J. Lenné, 1789 als Sohn des kurkölnischen Hofgärtners in Bonn geboren, bestimmte nahezu 50 Jahre die Gartenkunst in Preußen.

Die baumumstandene *Dorfirche* auf dem Hügel geht auf König Friedrich Wilhelm IV. zurück, er ließ sie hier 1842 aus gelben Ziegeln errichten. Vom Dach ihres viereckigen Turmes aus können wir das Panorama der Havellandschaft genießen: im Westen der Schwielowsee, im Osten der Glindower See und nicht weit entfernt, im Norden, die

Silhouette von Werder. Dorthin führt uns der weitere Weg.

»Märkische Schinkensülze«, »Roulade a'la Lüderitz« sind nur zwei der köstlichen Verführungen, die uns auf dem Weg nach Werder in der »Holländer-Mühle« die Weiterfahrt »erschweren«.

Werder Von Petzow aus erreichen wir bald wieder den Hauptarm der Havel und die Inselstadt Werder. Werder hat bei den Berlinern einen guten Namen, den es seinem schmackhaften Obst und dem Zauber der Baumblüte verdankt. Zum *Baumblütenfest* – eines der wenigen Feste mit Tradition im Umland Berlins – zieht es jährlich Tausende aus der ganzen Region in das Havelstädtchen. Doch Budenzauber, Jux und Weinverkostung sind keine Erfindung der Werderaner. Es war das Berliner Kleinbürgertum, das in den zwanziger und dreißiger Jahren vor allem aus Pankow und Wedding mit dem Vorortzug anreiste und bis zur Bewußtlosigkeit den billigen Obstwein »feierte«. Die Werderaner interessierten sich hingegen mehr für den Verkauf des »heimtückischen« Weines und dachten vor allem ans Geschäft. Vielleicht lag das auch am etwas eigentümlichen Charakter der Einwohner, der in Büchern des vorigen Jahrhunderts als hart, fleißig, mißtrauisch und sparsam beschrieben wird. Die Strenge mag eine Folge der Insellage und der damit verbundenen Abgeschiedenheit gewesen sein. Die Insel, die eigentliche Altstadt, bezaubert heute noch durch ihre besonders schöne Lage. Wenn auch manches etwas verfallen wirkt, ein Rundgang am schilfbedeckten Ufer, immer in Sichtweite des Wahrzeichens, der *Kirche »Zum Heiligen Geist«* (1856–1858 neugotisch umgebaut), lohnt sich alle Male. Winklige Gassen, niedrige Häuser und Kopfsteinpflaster sind unsere Wegbegleiter. Auf der westlichen Seite liegen die Höhen der *Neustadt*, auf denen im April die Kirschen blühen. Ein Tip vor der Weiterfahrt: Wer an der Geschichte des Obstanbaus in dieser Region interessiert ist, sollte das *Obstbaumuseum* am Karl-Marx-Platz besuchen.

Werder, Obstbau- und Weinort seit dem 17. Jahrhundert beliefert mit seinen Produkten vor allem Berlin. 6 000 ha umfaßt die Anbaufläche, und trotzdem kann der Bedarf nicht immer gedeckt werden.

In den Sommer- und Herbstmonaten kann man sich bei vielen Bauern seine Erdbeeren, Kirschen oder Äpfel selbst pflükken. Ein preisgünstiger Spaß für die ganze Familie und Obst mit »Frischegarantie«.

Töplitzer Werder Folgen wir ab Werder wieder dem Havellauf, so erreichen wir bald den Töplitzer Werder, eine Insel, die durch den kleinen *Zernsee,*

Wublitzsee und *Schlänitzsee* gebildet wird. Das heißt, zur Insel wurde der Werder erst 1874/75 durch den Bau des *Sacrow-Paretzer-Kanals*, der den Schlänitzsee mit dem Hauptarm der Havel verbindet. Der Töplitzer Werder mit dem Ort Töplitz ist heute bei Potsdamern wie Berlinern ein beliebtes Freizeitziel. Wassersport, Bootsausleihe, Badestellen, Campingplätze und Ferienwohnungen, alles ist vorhanden.

Nattwerder Daß eine Fahrt entlang der Havel, selbst hier um Potsdam, in einem Gebiet, das von Ausflüglern nur so »wimmelt«, auch weniger Bekanntes und doch Sehenswertes bieten kann, zeigt Nattwerder. Gegenüber des Töplitzer Werders, direkt am *Wublitzsee*, liegt ganz versteckt das kleine Anwesen. Ein Dutzend Häuser mit schönen, von Heckenrosen umrankten Veranden, eine schlichte Kirche und ein kleiner Friedhof drängen sich um einen Hügel. 1689 ließen sich hier die ersten Glaubensflüchtlinge aus der Schweiz nieder, die zuerst dem Ruf des Großen Kurfürsten folgten. Das Dörfchen ist somit der »Prototyp« aller späteren Schweizer Kolonistendörfer in Brandenburg. Immerhin waren es etwa 7 000 Verfolgte, die bis 1700 das Angebot des Kurfürsten, sich in der Mark anzusiedeln, annahmen. In Nattwerder pflegt man noch heute wie vor 300 Jahren die Weltabgeschiedenheit. Nichts stört den Frieden und die ländliche Idylle, zu der auch die schmucke Kirche mit der Wetterfahne gehört, die die Jahreszahl 1685 trägt. Im Sommer finden hier übrigens gelegentlich Konzerte statt.

1685 erließ der Große Kurfürst das »Edikt von Potsdam«, das die Grundlage für die Aufnahme Tausender Glaubensflüchtlinge aus ganz Europa in Brandenburg bildete.

Die erste Schnupftabakfabrik »in des Königs Staaten«, eine Damast- und Sammet-Fabrikation sowie die erste Goldbronze-Manufaktur gehen auf den Unternehmergeist der Schweizer zurück.

Marquardt Am *Schlänitzsee*, ebenfalls am Rande des Töplitzer Werders, liegt Marquardt. In diesem kleinen Ort befindet sich eines jener »Landschlösser«, die für die Dörfer der Mark so typisch sind. Im Gegensatz zu anderen Gebieten Deutschlands prägten besonders die Dörfer das Brandenburger Land, weniger die Städte. In den Dörfern »regierte« der Landadel, der vielfach auch die Geschicke des Landes lenkte. Und der Adel baute

Ein Rundgang sollte die Gartenseite des Schlosses miteinschließen, die über eine große Wiese ganz sanft zum See hin abfällt und einen sehr schönen Anblick bietet.

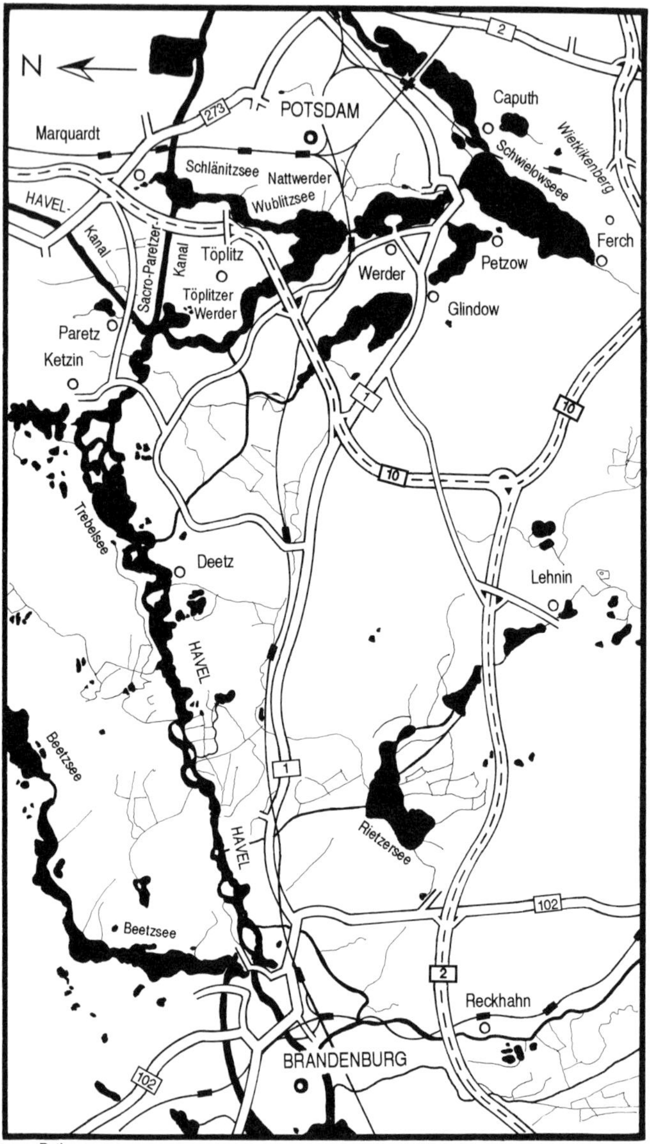
N
POTSDAM
Marquardt
Caputh
Wietkikenberg
Schwielowsee
Ferch
Schlänitzsee
Nattwerder
Wublitzsee
HAVEL-
Kanal
Sacro-Paretzer-
Kanal
Töplitz
Töplitzer
Werder
Werder
Petzow
Glindow
Paretz
Ketzin
Trebelsee
Deetz
Lehnin
HAVEL
Beetzsee
HAVEL
Rietzersee
Beetzsee
Reckhahn
BRANDENBURG
Belzig
Rathenow
273
2
1
10
10
1
102
2
102

sich seine Gutshäuser, seine »Schlösser«, die Mittelpunkt des gesellschaftlichen Lebens wurden. Wenn auch *Schloß* Marquardt erst Anfang unseres Jahrhunderts in neubarocker Form entstand, so ist es doch mit Walmdach, großen Glasfenstern, Konsolen, Verzierungen und mit Kletterpflanzen zugewachsenen Wänden ein schönes Beispiel für den einstigen »Landhausstil« der Mark.

Marquardt hieß einst Schorin. Doch um 1705 schenkte der König seinem Etatsminister Marquardt Ludwig v. Printzen den Besitz. Ihm zu Ehren erfolgte die Umbenennung.

Paretz Folgen wir dem *Sacrow-Paretzer-Kanal* nach Westen, wo dieser zusammen mit dem *Havelkanal* in die Havel mündet, treffen wir auf Paretz. Bei diesem Ortsnamen horchen vielleicht einige Leser, die die preußische Geschichte etwas näher kennen, auf. Hier in Paretz entstand der Mythos von dem königlichen Paar als vorbildliche Familie im »Gartenhaus«, inmitten der Untertanen. Friedrich Wilhelm III. und seine Frau, die beliebte Königin Luise, hatten um die landschaftliche Schönheit von Paretz gewußt, als sie 1795 das Dorf erwarben und 1796/97 durch D. Gilly ein einfaches *Landschloß* errichten ließen. Ab 1800 entstanden auf Wunsch des Königs alle massiven Gebäude neu, der Ort erhielt eine »einheitliche« Gestaltung. Bis 1806 lebten Königin und König jährlich mehrere Monate im hiesigen Schloß. Vor allem ihre Beteiligung an den Erntefesten begeisterte die Märker und lockte viele Gäste nach Paretz. Fast möchte man meinen, in Paretz ist die Zeit stehengeblieben, »Abgeschiedenheit« bestimmt die Atmosphäre. Selbst die Havel trödelt so am Dorfrand dahin. Das gesamte Dorf genießt heute Denkmalschutz, obwohl viele der klassizistischen Häuser Veränderungen erfuhren. Besonders ernüchternd wirkt der Anblick des ehemaligen kleinen Schlosses, »Schloß Still im Land«, wie es damals in vertrauten Kreisen hieß, durch entstellende Umbauten ist es leider heute als solches kaum mehr zu erkennen. Nur eine kleine Ausstellung erinnert an die königliche Vergangenheit. Noch erhalten blieb die 1789 erbaute Dorfschmiede, die heute als *»Gotisches Haus«* den Gast empfängt. Die Speisen wer-

Auch die mittelalterliche Kirche wurde von D. Gilly umgebaut. Im Innern verdient die von J. G. Schadow geschaffene »Apotheose der Königin Luise« besondere Beachtung.

Den Schloßpark legte der Hofgärtner Garmather im englischen Stil an.

den hier nach märkischen Rezepten zubereitet. Wie wär's mit »Havelhecht in Dillsoße« oder »Märkischen Buletten«. Und dann der Kuchen! Der Clou ist der selbstgemachte Zupfkuchen, den einst Königin Luise über alles liebte.

Ketzin war von alters her ein Fischerort. Die engen verwinkelten Gassen des einstigen Fischerviertels bilden heute den Stadtkern. Noch in heutiger Zeit sind die Gewässer um Ketzin sehr fischreich und lassen Angelfreunde ins Schwärmen kommen.

Ketziner Bruchlandschaft Paretz gehört heute verwaltungsmäßig zu Ketzin, einem beliebten Erholungsort zwischen Wasser, Wiesen und Wald. Nur wenige Meter nördlich des Ortes liegt das *Landschaftsschutzgebiet »Bruchlandschaft«*, eine verwirrende Vielfalt, ja Verschachtelung größerer und kleinerer Gewässer wie Seen, Flüsse und Gräben, die zum Teil verlandet und versumpft sind. Ein idealer Lebensraum für zahlreiche Arten von Vögeln, Insekten, Fischen u. a.

Ein ähnliches Gebiet finden wir übrigens auch ca. 6 km havelabwärts in Nähe des Ortes *Deetz*. Hier erstreckt sich das *Schutzgebiet »Götzer Berge«* – der Götzer Berg ist mit seinen 108 m die höchste Erhebung im weiten Umfeld. Einige Wanderwege führen entlang des Berges und geben schöne Ausblicke auf das Havelland frei.

Der besondere Tip:

Wo noch Feuer lodert

Bereits die Mönche des Klosters Lehnin haben im 12. Jahrhundert um Glindow die unter märkischem Sand liegenden Tonvorkommen genutzt. Im 19. Jahrhundert bekam der kleine Ort bei Werder durch die entstandene Ziegelindustrie eine große Bedeutung. Über 50 riesige Ringöfen reckten sich hier in die Luft. Einer davon blieb als technisches Denkmal und als Produktionsstätte erhalten. Unerträgliche Hitze schlägt jedem entgegen, der die alte Ziegelei besucht. Ein »Hoffmannscher Ringofen« brennt seit 129 Jahren Tonziegel. Noch heute ist alles Handarbeit, auch das Klatschen der Tonmasse in die Form. Die Ziegel werden vor allem für die Restaurierung historischer Gebäude benötigt. Wer diese sehr interessante Anlage aus den Anfängen des Industriezeitalters besichtigen will, hat mittwochs bis sonntags Gelegenheit dazu. Zwischen 10 und 16 Uhr gibt es Führungen.

Kleinod der märkischen Backsteinarchitektur

Emsterkanal · Kloster Lehnin und Umgebung · An der Deutschen Alleenstraße

Anreise:
mit dem Auto *über die B 1 bis Groß Kreutz und weiter die Landstraße Richtung Lehnin oder über die B 102 bis Golzow und weiter die Landstraße Richtung Lehnin*
mit der Bahn *ist der Raum Lehnin nicht direkt zu erreichen. Nächstgelegene Bahnhöfe sind Groß Kreutz (Strecke Berlin–Brandenburg) bzw. Golzow (Strecke Brandenburg–Belzig)*

Zisterzienserkloster Lehnin

Der Rietzer See ist als internationales Vogelschutzgebiet (Naturschutzgebiet) ausgewiesen. Wer Näheres erfahren möchte, wende sich an die Naturschutzstation in 14778 Schenkenberg, Herrn Sohns.

Sollten Sie Lust bekommen, in den Seen zu fischen, Angelkarten für das Lehniner Seengebiet erhält man im Angelgeschäft Konietzko, Kaltenhausen 43 bzw. im Angelshop Koska, Gohlitzstr. 43, beide in Lehnin.

Eine »gotische Stadt im Kleinen« nannte Theodor Fontane das Gebäudeensemble des Klosters.

Blickt man vom Götzer Berg, der höchsten Erhebung in der Potsdamer Umgebung, kommen Orte wie Jeserig, Gollwitz, aber auch der Rietzer See in den Dahmsdorfer Wiesen in Sicht. In letztgenannte Richtung soll uns ein Abstecher zu dem kleinen Ort Lehnin führen, der durch sein Kloster berühmt ist. Wir folgen also dem Emsterkanal, der die *Havel bei Gollwitz* mit dem *Lehniner Klostersee* verbindet, Richtung Süden.

Emsterkanal Dieser kleine, künstliche Wasserweg, nicht einmal 20 km lang, diente in der Vergangenheit als Wirtschaftsweg für den Holztransport und verband Lehnin mit der Havel. Heute wird er wirtschaftlich nicht mehr genutzt, sondern zieht vor allem Freizeitpaddler und Petrijünger an. Letztere finden sowohl am großen Rietzer See als auch am Kanal selbst beste Bedingungen vor. Barsch, Plötze, Karpfen, aber auch Aal, Zander, Hecht und Wels stehen zur »Auswahl«. Rund um den See und beiderseits des Kanals erstrecken sich die sogenannten *Dahmsdorfer Wiesen*. Diese Feuchtwiesen, teilweise versumpft, sind die südlichsten Ausläufer des Havelländischen Luchs.

Klöster in Brandenburg Ab dem Rietzer See, dem Emsterkanal aufwärts, verbleiben nur noch 10 km bis Lehnin. Das gleichnamige Kloster hat als Kleinod der norddeutschen Backsteingotik weithin Bekanntheit erlangt. Doch bildet die Klosteranlage nicht nur ein Denkmal hervorragender Baukunst, sondern auch ein lebendiges steinernes Geschichtsbuch der Mark Brandenburg. Unter Markgraf Albrecht dem Bär und seinem Sohn Otto eroberten die Askanier 1157 die Festung Brandenburg und Umgebung. Fortan nannten sie sich »Markgraf von Brandenburg«. Doch was nutzte den Fürsten der Titel, wenn weite Teile des Gebietes brachlagen. Das Land war arm und kaum erschlossen, von wenigen slawischen Orten abgesehen. Wer sollte die schwere Aufgabe der Kolonisation übernehmen? In den »Landeskassen« herrschte Leere. Da kam der junge Mönchsorden, die Zisterzienser, gerade recht, schien er doch über alle Voraussetzungen für die Urbarmachung des Landes zu verfügen. Der Orden wurde 1098 im französischen Kloster Molesme gegründet, um in der Einöde ein neues, gottgefälliges Leben zu führen. Man berief sich auf den Grundsatz des Heiligen Benedikt – »Ora et Labora« (Bete und Arbeite). »Die Mönche unseres Ordens«, so bestimmte eine Ordensregel, »müssen von ihrer Hände Arbeit, von Ackerbau und Viehzucht leben.« Eine andere legte fest, daß die Klöster »nur an Stellen, die vom Verkehr des Menschen abgelegen sind« – »Im Tal und Einsamkeit« – errichtet werden dürften. 1183 hielten die Mönche Einzug in Lehnin. Sie machten jedoch nicht nur das Land urbar, sondern verbreiteten auch das Christentum unter den zum Teil heidnischen Slawen. Die Lehniner Mönche kamen damals aus dem thüringischen Kloster Sittichenbach in die Mark. Lehnin blieb, nicht zuletzt wegen der großzügigen Landschenkung durch Otto I., stets eng mit dem askanischen Fürstenhaus und später mit den Hohenzollern verbunden. Otto I. bestimmte das Kloster zur Begräbnisstätte seines Geschlechts.

Neben ihren Niederlassungen in Frankreich errichteten die Zisterzienser auch Klöster am Niederrhein (Altenberg), in Thüringen (Volkenroda); rasch breitete sich der Orden bis nach Osteuropa (Böhmen und Polen) aus.

Die Mönche legten die Sümpfe trocken, bauten Getreide, Hopfen und Erbsen an, züchteten Rinder, Schafe und Schweine. Die schwere Arbeit der Urbarmachung übernahmen die sogenannten Konversen (Arbeitsmönche). Den Mönchen folgten bald deutsche Siedler aus dem Westen. Die Klöster wurden immer mächtiger, erwarben neue Ländereien und gründeten Tochterklöster. In Brandenburg entstanden 1258 das *Kloster Mariensee* (am Parsteiner See), aus dem 1272 *Chorin* hervorging, und 1299 das *Kloster Himmelpfort* (bei Lychen). Mit der wirtschaftlichen Bedeutung wuchs auch die politische Bedeutung der Lehniner Äbte. Seit 1450 durften sie die bischöflichen Insignien tragen, und unter den Hohenzollern gehörten sie den kurfürstlichen Räten an. Von der einstigen Weltabgeschiedenheit war nun nichts mehr zu spüren. Mit der

Im 13. Jahrhundert stand die reiche Abtei den Askaniern als Kreditgeber zur Verfügung, sie nahm auch Söhne des Adelsgeschlechtes als Mönche auf, zum Beispiel Otto den Kleinen (1264–1303), den jüngsten Bruder des Markgrafen Otto V.

Zum Besitz des Klosters gehörten 1542 bei der Auflösung neben Wäldern, Feldern und Weinbergen 40 Gasthöfe, 20 Dörfer und 1 Stadt (Werder).

Daß es auch gar weltliche Klosterprobleme gab, zeigt die Geschichte des ersten Vorstehers, des Abtes Sibold. Er soll von aufgebrachten slawischen Fischern erschlagen worden sein, nachdem er eine Frau im Dorf Nahmitz in unzweideutiger Stellung zum Christentum bekehren wollte.

Anhäufung von Macht und Reichtum lockerte sich die Klosterdisziplin, die »Verweltlichung« begann. Der Untergang schien vorgezeichnet und kam letztendlich 1539 mit der Einführung der Reformation durch Kurfürst Joachim II. Aber wie kein anderer Orden haben die Zisterzienser die Mark geprägt, sie entwickelten die Landwirtschaft, wirkten stilbildend in der Architektur, und ihre Klöster bildeten als Stätten der Bildung und der Wissenschaft den kulturellen Mittelpunkt der jungen Mark.

Kloster Lehnin Im Ort Lehnin angekommen, fällt aus Richtung Klosterkirchplatz die *Klosterkirche* zunächst kaum auf. Das mag vor allem am fehlenden Turm liegen, denn nur ein kleiner Dachreiter schmückt den Bau. Die dreischiffige, kreuzförmige Pfeilerbasilika entstand anfänglich im romanischen Stil (ab 1180), wurde später im Stil der Frühgotik (bis 1262) fortgesetzt. Rundbogen- und Spitzbogenfenster durchbrechen die Backsteinwände, mit Rosen und Blendrosetten einfach, aber wirkungsvoll verziert. Ein Blick ins Innere lenkt unsere Aufmerksamkeit zunächst auf die kleine *Ausstellung zur Baugeschichte*, die rechts der Eingangstür zu sehen ist. In den Stufen des Chores erblicken wir einen eingemauerten Baumstumpf, der an die Gründungslegende des Klosters erinnert. Lehnin verdankt seine Gründung angeblich einem Traum. Einst jagte der Kurfürst Otto I. in den Wäldern südlich Brandenburgs. Nach geraumer Zeit legte er sich ermüdet unter einen Baum und schlief ein. Im Traum sah er eine Hirschkuh, die ihn unablässig angriff, bis er sie endlich mit einem Pfeil niederstreckte. Als Otto aus dem seltsamen Traum erwachte, entschloß er sich, an dieser Stelle eine Burg des Glaubens zu errichten, denn die Hirschkuh schien nichts anderes als ein Sinnbild für die noch nicht unterworfenen Slawen zu sein.

Anmeldungen zur Besichtigung der Klosterkirche können über das Krankenhaus des Luise-Henriette-Stiftes erfolgen (☎ 0 33 82/ 76 80).

»An diesem Ort will ich eine Feste bauen, wo nachher die höllischen Feinde durch die Stimme heiliger Männer vertrieben werden sollen, und in welcher ich den jüngsten Tag ruhig erwarten will«, soll Otto I. gesagt haben.

Die Kirche, ab 1700 von den Siedlern als Steinbruch genutzt, ließ der preußische Kronprinz Friedrich Wilhelm 1869–1877 wieder aufbauen. Ihre Ausführung ist einfach, wirkt aber nicht ärmlich,

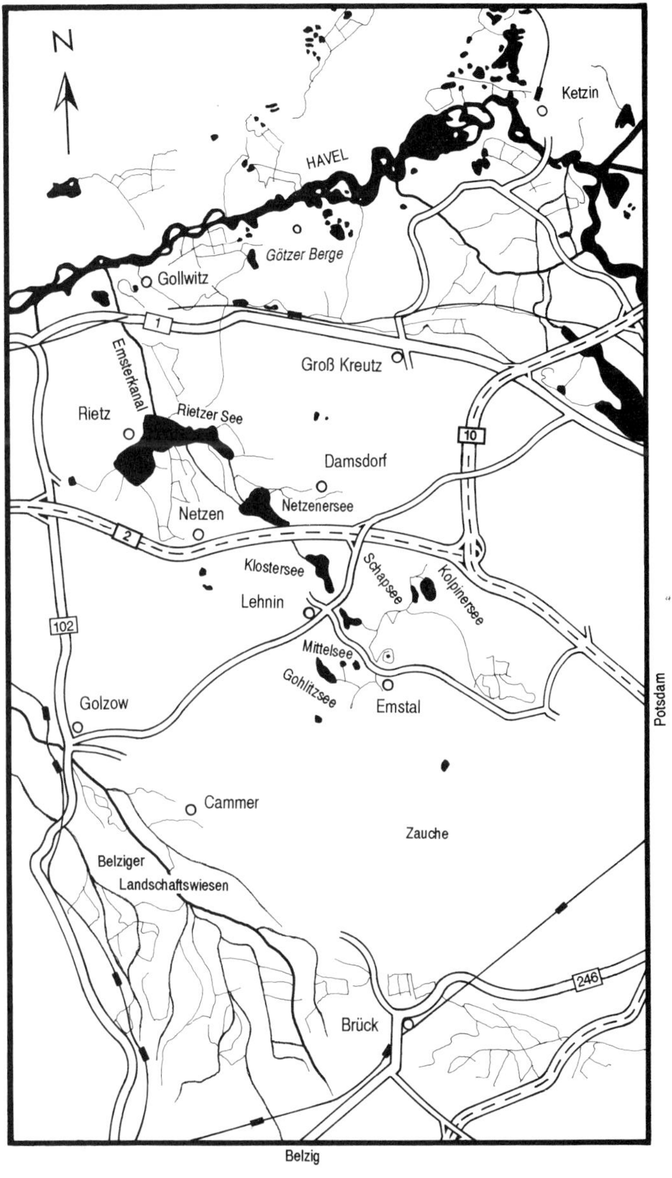
N
HAVEL
Ketzin
Götzer Berge
Gollwitz
1
Emsterkanal
Groß Kreutz
Rietz
Rietzer See
10
Damsdorf
Netzen
Netzenersee
2
Klostersee
Schapsee
Kolpinersee
Lehnin
102
Mittelsee
Gohlitzsee
Emstal
Golzow
Potsdam
Cammer
Zauche
Belziger
Landschaftswiesen
246
Brück
Belzig

im Gegenteil, die Schönheiten der Backsteinarchitektur treten dadurch besonders hervor. Im Innern ziehen einige interessante spätgotische Wandmalereien die Blicke auf sich, und hier befindet sich auch die Grabplatte für Otto IV. Um die Kirche blieben noch ehemalige Wirtschaftsgebäude des Klosters erhalten. Gegenüber dem Pförtnerhäuschen steht eines der ältesten Klostergebäude, der *Kornboden* mit Spitzbogenarkaden. Im *Falkonierhaus*, der ehemaligen Herberge fürstlicher Jagdfalkner, befindet sich heute ein Kindergarten. Das *Torhaus* dient nach liebevoller Restaurierung als Kapelle der Andacht. Der Klosterkirchplatz wird durch Nebengebäude des Krankenhauses, das Teile des Klostergeländes nutzt, abgeschlossen. Hinter einem Gittertor erstrecken sich sumpfige Wiesen wie ein romantischer Park, umschlossen von Backsteinmauern.

Das sogenannte Tetzel-Tor an der Straße Brandenburg–Lehnin–Potsdam war der einzige Zugang zum Kloster.

Lehnin und Umgebung Schon vor dem Ersten Weltkrieg wurde Lehnin »Wallfahrtsort« vor allem für Sommergäste aus Berlin. Diese Vorliebe kam nicht von ungefähr, bietet der Ort doch nicht nur dem Architektur-, Kunst- und Geschichtsliebhaber besonders Reizvolles, sondern auch dem Naturfreund. Die Landschaft rund um den *Mittel-, Champ-, Kloster-, Gohlitz-, Netzener-* und *Kolpinsee* zeigt viele schöne und stille Winkel. Teile dieser Seenlandschaft stehen u. a. wegen der hier beheimateten seltenen Vogelarten wie Graureiher, Milane, Bussarde unter Schutz. Badestelle, Bootsverleihe, Campingplätze, Fahrradverleih bieten ideale Voraussetzungen für einen Ausflug.

Vom Zentrum Lehnins mit »Klosterhof« (Gaststätte), »Kloster-Café«, »Kloster-Apotheke« u. a. erschließen viele Wanderwege die seenreiche Umgebung. Eine Schautafel gibt darüber Auskunft.

An der Deutschen Alleenstraße Bei einem weiteren Abstecher in Richtung Westen treffen wir an der B 102 auf die Deutsche Alleenstraße, ein Projekt, das 1993 ins Leben gerufen wurde, um die in Deutschland noch vorhandenen Baumalleen zu schützen. Auf unserer bisherigen Havelreise haben wir sie schon mehrmals berührt, so bei Wesenberg, bei Neuruppin, Fehrbellin und Nauen. Prächtige Baumriesen bilden in Sommer über dem Asphalt

Die Deutsche Alleenstraße führt von der Insel Rügen über Mecklenburg, Brandenburg bis nach Wittenberg in Sachsen Anhalt.

ein dichtes Blätterdach. Gepflanzt wurden die jungen Bäume mit dem Ausbau der Staatschausseen durch die preußische Regierung ab 1800. Wie der Bau einer solchen Chaussee vor sich zu gehen hatte, legte die Schrift *»Anweisung zum Bau und zur Unterhaltung von Kunststraßen«* aus dem Jahre 1834 ausführlich und verbindlich fest: Die Straße sollte sich in flachen Gegenden mindestens zwei Fuß über die Erdfläche erheben und war stets mit Seitengräben zu versehen, um den Abfluß des Wassers zu gewährleisten. Der planierte Grund der Straße wurde nur so breit mit festgewalzten Stein- oder Kieslagen befestigt, wie ihn Fahrzeuge benutzten, rechts und links blieben unbefestigte Banketten für die Fußgänger. Entlang der Banketten pflanzte man dann im Abstand von drei Ruten (ca. 10 Meter) Bäume. Diese dienten der Befestigung der Straße und dem Schutz der Reisenden sowie durchziehender Militärkolonnen vor Sonne und Staub. Soweit zur Historie jener Alleen, die heute zu den Schönheiten Brandenburgs gehören und die doch nichts weiter als »profaner Zweckbau« sind. Mit diesen Gedanken beschäftigt, kehren wir wieder zu unserer Havel zurück – nach Brandenburg.

Straßenbenutzungsgebühren sind keine Erfindung der Neuzeit. Schon beim Bau der Chausseen wurden nach einer festen Gebührenordnung Chausseengelder erhoben. Dafür entstanden Chausseehäuser mit Schlagbäumen.

Der besondere Tip:

Urgroßmamas Backstube

Über Jahrhunderte entwickelten sich im Land Brandenburg vielfältige handwerkliche Traditionen, doch bestehen diese leider nur selten fort. Und dort, wo wir sie noch erleben können, sind sie immer ein besonderes Ereignis. Einem schönen Beispiel können wir in Emstal, etwa 3 km südlich Lehnins, begegnen. In diesem kleinen Dorf ist die Tradition des gemeinsamen Backens noch nicht ausgestorben. Hier befinden sich noch vier öffentliche Backöfen, die den Dorfbewohnern gleichermaßen zur Verfügung stehen und die den Mittelpunkt des alljährlichen Schaubackens bilden, dem sich eine zünftige Verkostung anschließt. Noch vor zwei Generationen war dies überall in den Dörfern üblich. Leider findet die Veranstaltung des örtlichen »Backofenvereines« nur zu Pfingsten statt.

Die Geburtsstätte der Mark Brandenburg

Brandenburg · Brandenburger Seengebiet · Reckahn

Anreise:
mit dem Auto *über die A 2 bis Abfahrt Brandenburg oder über die B 1*
mit der Bahn *bis zum Hauptbahnhof Brandenburg*

Roland vor dem Brandenburger Rathaus

Nach unserem kleinen Abstecher über den Emsterkanal zum Kloster Lehnin wenden wir uns nun wieder dem Hauptarm der Havel zu. Vom Gebiet der Götzer Berge folgen wir ihr in Richtung Westen bis zur altehrwürdigen Stadt Brandenburg.

Brandenburg, die ehemals mächtige märkische Hauptstadt war es, die dem Land den Namen gab. Über 1 000 Jahre ist es her, daß die einst wichtigste Stadt der Mark entstand. Durch Sümpfe und Flußarme geschützt, bildete der Ort schon zur Zeit der Slawen ein wichtiges religiöses Zentrum der hier ansässigen Heveller. Kaiser Heinrich I. eroberte im Jahre 928 das slawische »Brenabor«, und 20 Jahre später gründete Kaiser Otto I. das Bistum. Nach dem Tod des bereits »christlich bekehrten« Hevellerfürsten Pribislaw-Heinrich gelang es Albrecht dem Bären nach langen Erbstreitigkeiten im Jahre 1157, die brandenburgische Burganlage endgültig zu erobern. Bereits 8 Jahre später erfolgte auf der Havelinsel die Grundsteinlegung für den neuen Dom St. Peter und Paul. Die Bedeutung Brandenburgs für die Mark wuchs zunehmend, deutlich zu erkennen an den Münzprägungen der folgenden Zeit und an dem Einfluß, den die brandenburgische Rechtsprechung auf andere märkische Städte ausübte. Doch schon bald sollten die glanzvollen Tage der Vergangenheit angehören. Bereits Ende des 16. Jahrhunderts setzte der wirtschaftliche Niedergang ein, und der Dreißigjährige Krieg tat sein übriges. Im 17. und 18. Jahrhundert gaben dann die Anbindung an die spätere Reichs- und Bundesstraße 1, die Entwicklung des Gerberhandwerks durch französische Hugenotten, die Erhebung zur Garnisonstadt und die Gründung einer Ritterakademie der Stadt neue wirtschaftliche Impulse – die Vorrangstellung hatte Brandenburg aber längst verloren. Mit dem Eisenbahnanschluß im Jahre 1846 hielt das Industriezeitalter Einzug, das die Stadt nachhaltig prägte. Zu den Werken der Stahl- und Walzindustrie, der Textil- und Konfektionsherstellung gesellten sich zwischen 1960

Der brandenburger Havelübergang mit Dominsel, Altstadt und Neustadt ist eine der ältesten, wenn nicht sogar die älteste der durchgehend besiedelten Stätten der Mark.

Noch im 16. Jahrhundert verlieh Kurfürst Joachim II. dem Zentrum zwischen Elbe und Oder den Titel Chur- und Hauptstadt, obwohl bereits 1470 Berlin zur Hauptresidenz geworden war.

Zum industriellen Aufschwung trugen vor allem die Brennaborwerke der Gebr. Reichstein (seit 1871) bei.

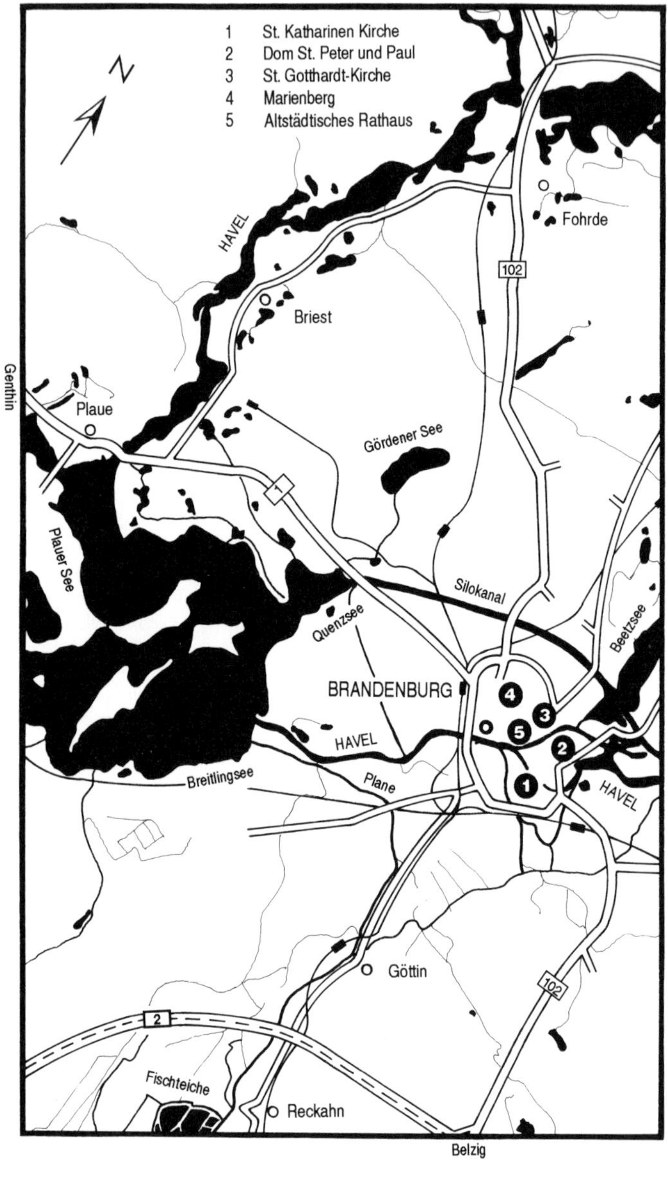
1 St. Katharinen Kirche
2 Dom St. Peter und Paul
3 St. Gotthardt-Kirche
4 Marienberg
5 Altstädtisches Rathaus
N
HAVEL
Fohrde
102
Briest
Genthin
Plaue
Gördener See
1
Plauer See
Silokanal
Quenzsee
Beetzsee
BRANDENBURG
HAVEL
Breitlingsee
Plane
HAVEL
Göttin
102
2
Fischteiche
Reckahn
Belzig

und 1990 rund um die Brandenburger Altstadt Satellitenstädte in monotoner Großplattenbauweise. Dagegen wurde die Instandhaltung der *Innenstadt* auf das gröbste vernachlässigt.

Mit ihren von Havelarmen umspannten drei mittelalterlichen Stadtteilen – *Altstadt, Neustadt, Dominsel* –, wo sich gewichtige Tortürme, beindruckende Backsteinkirchen und der wundervolle Dom gen Himmel strecken, zählte Brandenburg einst zu den schönsten Städten der Mark. Heutzutage hat es durch den nahezu sprichwörtlichen »Verfall« des Stadtzentrums eher traurige Berühmtheit erlangt. Abrißflächen, Baulücken, eingefallene und beschädigte Gebäude gehören ebenso zur Altstadt wie die herausragenden Zeugnisse einer überaus bewegten und langen Geschichte. Der Einsturz des morschen Daches der bereits zu Kriegszeiten beschädigten frühgotischen Johannis-Kirche im Jahre 1986 symbolisiert den Zustand eines ganzen historischen Stadtteils. Das »Leben« hat sich somit immer mehr auf die Rand-, sprich Neubaugebiete verlagert, im eigentlichen Stadtzentrum wurde es dagegen immer ruhiger, um nicht zu sagen öd. Doch seit drei Jahren unternehmen nun Stadtväter und Bürger alles, das Image ihrer Stadt wieder aufzuwerten – eine großzügige Stadtsanierung eingeschlossen. Umfangreiche Baumaßnahmen sind angelaufen, und man hofft, in zehn bis fünfzehn Jahren die Innenstadt saniert zu haben. Eile ist geboten, damit manche architektonische Kostbarkeit nicht verlorengeht! So startete u. a. im Herbst 1991 der Rettungsversuch für die Ruine des ehemaligen *Dominikanerklosters St. Pauli*. Das 1286 auf dem Gelände des Markgrafenhofes gegründete Kloster wurde durch Bombenangriffe 1945 stark zerstört und verfiel in den folgenden Jahrzehnten. Um die Anlage vor dem endgültigen Verfall zu bewahren, hat man zunächst mit der Sicherung der Überreste begonnen.

Vorgänger der mittelalterlichen Stadtteile waren vier slawische Kietze, von denen sich zwei auf der heutigen Dominsel befanden.

Alt- und Neustadt wurden auf Geheiß Friedrich Wilhelms I. bereits 1715 vereinigt. Der Dombezirk war bis 1930 eine selbständige Gemeinde.

Schon jetzt bietet indes die gotische *St. Katharinen-Kirche* in der Neustadt höchsten Kunstgenuß.

Aus dem Jahr der Stadtvereinigung (1715) stammt auch das Doppelschildwappen Brandenburgs, das unter der Königskrone die beiden ehemaligen Stadtsiegel mit den vieltürmigen Burgen zeigt.

Die gewaltige dreischiffige Hallenkirche überragt alle Bauwerke der Umgebung, ihre Türme und die des Doms prägen die unverwechselbare Skyline der Stadt. Entstanden ist dieses Meisterwerk im wesentlichen Ende des 14. Jahrhunderts, nur die Turmspitze setzte man erst 1562 auf. Die überaus reich verzierten Giebel der Nord- und Südkapelle, farbig glasierte Steine sowie reicher Schmuck an Portalen und Wandpfeilern bezeugen eine der reifsten Leistungen der norddeutschen Backsteingotik. Im Inneren beeindrucken wertvolle Wand- und Gewölbemalereien aus der Bauzeit, die Verglasungen der Chorfenster sowie zahlreiche Epitaphien. Darunter jene der Familie von der Schulenburg aus dem Jahre 1601 mit ihren vollplastischen Figuren. Zu den Kunstschätzen der Kirche zählen außerdem der prächtige Schnitzaltar von 1474, die Renaissancekanzel von 1668 und der große Orgelprospekt, der die Westseite des Mittelschiffes völlig beherrscht.

Im Dom zu Brandenburg finden in jedem Jahr von Mai–September Kammer-, Orchester- und Orgelkonzerte statt. Die Orgel, eine der wertvollsten des deutschen Spätbarocks, schuf der »märkische Silbermann« J. Wagner.

Vom Katharinenkirchplatz ist es nicht weit zum Molkenmarkt, wo der Mühlendamm die Neustadt mit der *Dominsel* verbindet. Der mächtige Mühlentorturm markierte einst die Grenze zwischen der mittelalterlichen Neustadt und dem alten Domkietz. Während sich die Neustadt seit Ende des 12. Jahrhunderts als Kaufmanns- und Marktsiedlung entwickelte, liegt auf der Dominsel an der südlichen Spitze des Beetzsees die eigentliche Keimzelle der Stadt. Hier, wo sich vormals die spätslawische Burganlage befand, wurde in der zweiten Hälfte des 12. Jahrhunderts mit dem Bau des *Doms St. Peter und Paul* begonnen, der in den folgenden Jahrhunderten mehrfach Veränderungen und Erweiterungen erfuhr. Die letzten Ergänzungen erfolgten im Jahre 1836, als nach Entwürfen von K. F. Schinkel die Spitze des nördlichen Turms vollendet werden konnte. Im Innern ziehen mehrere Altäre aus dem 14.–16. Jahrhundert, wertvolles Chorgestühl und eine reich verzierte Kanzel die Blicke auf sich, ebenso die wundervollen Glasma-

Den unvergleichlichen Domschatz zeigt das Museum des ehemaligen Domklosters – darunter die Original-

Brandenburger Dom – Blick zum Chorgestühl

lereien. Westlich der Dominsel entstand um 1170 die *Altstadt*, eine kleine Ackerbürgersiedlung, mit der Kirche St. Gotthardt und dem St. Johannes Kloster. Das romanische Portal und die feldsteinernen Mauerteile der *St. Gotthardt-Kirche* stammen noch aus dem 12. Jahrhundert. Diese Teile fanden im 15. Jahrhundert beim Umbau zur dreischiffigen, spätgotischen Backstein-Hallenkirche Verwendung. Zur Vollendung des Bauwerks kam es jedoch erst 1767 mit der Fertigstellung des Kirchturmes. Vom einstigen Kloster steht heute nur noch die Ruine der Kirche. Die Klostergebäude der Franziskaner, die sich kurz nach 1234 in der Altstadt niederließen, wurden bereits 1865 abgeris-

urkunde der Bistumsgründung Brandenburg von 948.

Im Innern der Gotthardt-Kirche ist der bemalte Flügelaltar von 1561 besonders sehenswert.

sen. Es überlebte nur die im 15. Jahrhundert erbaute *Klosterkirche*. Doch diese erlitt während des Krieges schwere Zerstörungen, eine vollständige Wiederherstellung erfolgte bisher nicht. Turm und Notdach sind Ergebnisse notdürftigster Arbeiten der letzten Jahre.

Im Haus Gotthardtskirchplatz Nr. 5 hat heute die Kinder-Kunst-Galerie »Sonnensegel« ihren Platz. Kurs- und Projektangebote sowie Begegnungen mit Künstlern sollen schon bei den Kindern das Interesse an Kunst wecken bzw. verstärken.

Am *Gotthardtskirchplatz* lohnt auch ein Blick auf das *Haus Nr. 5*. Das einfache Fachwerkhaus stammt bereits aus dem Jahre 1552 und ist immerhin das älteste Schulgebäude der Stadt.

Über die Rathenower und Parduin Straße gelangen wir dann zum Altstädtischen Markt mit dem beeindruckenden *Rathaus*, ein hervorragender Backsteinbau aus dem 15. Jahrhundert mit zahlreichen Schmuckformen. Vor dem Rathaus grüßt uns der eiserne Hüter des Stadtrechts, der 5,34 m hohe *Roland*. Seit 1474 hält er in der erhobenen Rechten das Schwert und den Dolch in der Linken, jederzeit bereit, die Rechte der Stadt zu verteidigen. Allerdings steht er hier nicht an angestammter Stelle. Ursprünglich war er auf dem Neustädtischen Markt, später vor dem Neustädtischen Rathaus zu finden, das in den letzten Tagen des Zweiten Weltkrieges zerstört wurde. Der »Stadtriese« blieb glücklicherweise erhalten, und man wies ihm nun seinen neuen Platz in der Altstadt zu.

Neben dem Rathaus in der Schusterstraße befindet sich zudem das älteste profane Steinhaus, das sogenannte *Ordonnanzhaus*. Es entstand im wesentlichen im 15. Jahrhundert, enthält jedoch auch Teile aus dem 13. Jahrhundert. Seinen Namen erhielt es nach dem im vorigen Jahrhundert dort untergebrachten Infanteriekommando. Auch Reste der einstigen Stadtbefestigungsanlage – *Rathenower und Plauer Torturm* – sind in der Altstadt zu entdecken.

Das mächtigste Bauwerk der einstigen Befestigungsanlage ist der Steintorturm in der Brandenburger Neustadt. Er erreicht eine Höhe von 28,5 m und

Buntes Treiben herrscht in der *Hauptstraße*, die zum größten Teil Fußgängerzone ist. Hier trifft man sich zum Einkaufsbummel oder Kaffeekränzchen. Und hier findet man auch die steinerne »Version« von Fritze Bollmann, dem weit über Brandenburg hinaus bekannten Original. Der biederer Friseurmeister ist angeblich beim Angeln im Beetzsee ertrunken. Und so sitzt er auch heute noch zusammengesunken in der Mitte eines *Brunnens* und angelt. Ein mehrstrophiges Spottlied, beginnend mit den Worten: »In Brandenburg uff'n Beetzsee, da steht een Fischerkahn, und drin sitzt Fritze Bollmann mit seinem Angelkram...« hat Fritze berühmt gemacht. Der Gassenhauer entstammt wahrscheinlich einem Spottlied der Kinder, die sich oft über den schmächtigen, aufbrausenden Barbier belustigten. Gelebt hat Fritze Bollmann wirklich, nur starb er Anfang des 20. Jahrhunderts nicht im Beetzsee, sondern im städtischen Krankenhaus. Wer diese Scherzballade erlernen möchte, sollte den Brunnenrand genauer betrachten, denn hier sind alle Strophen des berühmt-berüchtigten Bollmann-Liedes festgehalten.

einen Durchmesser von 11 m. Unmittelbar neben dem Turm befindet sich eine Havelschleuse, die heute jedoch nur noch von Sportbooten genutzt wird.

Sei 1969 gibt es am Beetzsee eine Regattastrecke.

Inmitten der Altstadt nördlich des Marktplatzes erhebt sich der sagenumwobene, 73 m hohe *Marienberg*. Angeblich verehrten schon die alten Germanen hier ihre Göttin Freia, und auch die Triglaw-Kultstätte der Heveller soll sich hier befunden haben. In dieser »Tradition« ließen die brandenburgischen Bischhöfe um 1220 auf der Anhöhe die Marienkirche erbauen. Viele Pilger kamen, um vom vermeintlich wundertätigen Marienbild Heilung zu erflehen. Die »Kirchenpäpste« hatten damit eine einträgliche Geldquelle, bis die Wunderblut-Schwindler von Wilsnack ihnen Konkurrenz machten. Nach ihrem Verfall durch Reformation und Dreißigjährigen Krieg wurde die Kirche nicht mehr erneuert. Heute nimmt eine Parkanlage mit Aussichtsturm, Freilichtbühne und Schwimmbad diese Stelle ein – eine Erholungsoase inmitten der Stadt.

Nach dem Zweiten Weltkrieg entstanden am Marienberg neue Stadtteile, u. a. der Chassee nach Plaue.

Brandenburger Seengebiet Von der Anhöhe des Marienberges bietet sich uns ein wundervolles Panorama. Hinter der Kulisse des Ortes erstrecken sich Wälder und Seen. In unmittelbarer Nähe, östlich der Altstadt, blinken die Wasserflächen des

Der nordwestliche Teil des Brandenburger Wald- und Seengebietes umfaßt den Havelabschnitt von Plaue bis Pritzerbe. Plaue, heute ein Stadtteil Brandenburgs, lohnt einen Abstecher. An der Havel, dort, wo sich einst die mittelalterliche Burg befand, steht heute das stattliche Barockschloß aus dem 18. Jahrhundert.

Beetzsees, südwestlich dehnt sich das letzte große Seengebiet der Havel aus, dem der *Breitling*- und der *Große Wendsee* sowie der *Mösersche*-, der *Heilige*-, der *Wusterwitzer*- und der *Plauer See* angehören. Die Havel verläßt am Plauer See in nördlicher Richtung das nahzu endlos scheinende Gewirr der Brandenburger Gewässer, um sich schließlich an der Insel Lutze vom Brandenburger Stadtgebiet endgültig zu verabschieden. Der Weg der Havel führt nun weiter in Richtung Rathenow und Havelberg zur Elbeinmündung, die in früheren Zeiten das Tor nach Hamburg oder Magdeburg war. Doch seit der Herrschaft Friedrichs II., der den Bau des Plauer Kanals – heute als Elbe-Havel-Kanal bekannt – veranlaßte, gab es mit dieser neuen Wasserstraße bereits eine kürzere Verbindung nach Magdeburg. Ihren Anfang nimmt sie ebenfalls an einem der Brandenburger Seen – dem Großen Wendsee.

Der besondere Tip:

»Landesgnadenschule« – Wirkungsstätte eines Reformers

So lange ist es noch nicht her, als Rohrstock und Eselskappen, Schiefertafeln und Griffel zum Bild der Dorfschulen des Havellandes gehörten. Im 7 km südlich von Brandenburg gelegenen Reckahn sind diese und andere Schulutensilien in einem über 220 Jahre alten Schulhaus zu besichtigen. Der König selbst führte mitunter »Visitationen« in den einstigen »Landesgnadenschulen« der Kurmark durch, wo den Bauernkindern das nötigste Wissen vermittelt wurde. Aber einer wollte mehr, Friedrich Eberhard von Rochow gab sich mit dem Nötigsten nicht zufrieden. Sein Leitspruch lautete: »Jeder Lehrer muß sich weiterbilden«, zum eigenen Nutzen und zum Nutzen der Schüler. Das Wirken dieses Schulreformers ging aber weit über das pädagogische Engagement hinaus, er beschäftigte sich auch mit landwirtschaftlichen und sozialen Fragen.

Im Mittelpunkt des Schulmuseums und der Gedenkstätte »F. E. von Rochow« steht aber sein Wirken als Lehrer und Schulreformer. Mit seinem Lesebuch »Der Kinderfreund« beschritt er neue Wege zur Verbesserung des preußischen Schulwesens.

Im Zweistromland Elb-Havel-Winkel

Elbe-Havel-Kanal · Genthin · Zabakuck · Parey · Kloster Jerichow · Melkow · Wust · Schönhausen · Kamern

Anreise:
mit dem Auto *über die A 2 bis Abfahrt Ziesar oder über die B 1, Weiterfahrt über die B 107 und abzweigenden Landstraßen zu weiteren Reisezielen*
mit der Bahn *bis Genthin, Jerichow, Schönhausen und Wulkau mit zum Teil weiterführenden Busverbindungen*

Überschwemmte Havelwiesen an der Unteren Havel

Der Elb-Havel-Winkel ist vorwiegend eine weite Talsandebene mit kleinen Grundmoräneninseln wie das »Land Schollene«.

Zum zweiten und letzten Mal vollzieht die Havel einen existentiellen Richtungswechsel – beim Verlassen des Großen Wendsees bahnt sie sich nun ihren Weg nach Norden. Wäre sie wie bisher weiter nach Westen geflossen, hätte sie bereits nach etwa 30 km die Elbe erreicht. So stehen ihr aber noch weitere ca. 100 km bevor, ein Glücksfall für Naturfreunde, ein Umweg für Havelschiffer, die bis zur Errichtung des Elbe-Havel-Kanals eine längere Reisezeit nach Magdeburg in Kauf nehmen mußten. Kurz bevor Havel und Elbe ein Fluß werden, fließen beide in einem spitzen Winkel aufeinander zu – die Havel mit besonders vielen Windungen, als wenn sie die baldige Vereinigung mit der großen Schwester durch zusätzliche Meter hinauszögern wollte. Vor ihrem Rendezvous bilden Elbe und Havel also ein »Zweistromland«, das Elb-Havel-Winkel genannt wird. Doch wer besitzt hier die Hoheitsrechte oder anders ausgedrückt, welcher Fluß nimmt die Nebenflüsse auf, die diese flache, anmutige Landschaft durchziehen? Nun, dabei geht die Havel als klarer Sieger hervor. Ihr Einzugsgebiet reicht bis an die Elbe und wird durch mächtige Deiche vor Hochwasser geschützt. Aus diesem Grund müßte das Gebiet eigentlich Havel-Elb-Winkel heißen, doch wie so oft im Leben, der Größere macht das Rennen und schiebt sich an die erste Stelle. Eine kleine Entschädigung für das Vordrängeln brachte erst der Bau des Elbe-Havel-Kanals, der dem märkischen Hauptstrom Elbwasser zuführt. Angesichts der kurz bevorstehenden Flußvereinigung könnte man auch denken, daß sich die Havel mit dem Elbwasser anfreunden soll, damit der späteren »Ehe«-Glück beschieden ist.

Die Aufsicht über den tadellosen Zustand der Elbdeiche, die Schutz vor dem Elbhochwasser bieten, oblag früher den sogenannten »Deichhauptmännern«.

Elbe-Havel-Kanal Der Elbe-Havel-Kanal beginnt am westlichen Ende des *Großen Wendsees* und führt über *Genthin* und *Parey*, wo ein Stichkanal erstmals zur Elbe abzweigt, weiter über *Burg* bis zur Einmündung in die Elbe südlich von *Niegripp*. Friedrich II. ließ ihn als Plauer Kanal zwischen 1743 und 1746 errichten. Der große Preußenkönig stellte damit ein erneutes Mal sein besonderes Interesse für ein gut ausgebautes Wasserstraßennetz in Preußen unter Beweis. Ein weiterer Ausbau des Elbe-Havel-Kanals erfolgte zwischen 1919 und 1938. In und um Genthin sind sowohl die neue als auch zwei Kanalabschnitte der alten Wasserstraße zu sehen. Fast schnurgerade durchzieht der jüngere Kanal die Stadt, während ein Abschnitt der älteren Wasserstraße östlich des Ortes als *Roßdorfer Altkanal* auf den Nachfolger trifft, der ab Kader Schleuse den direkten Weg nach Genthin nimmt. 900 m hinter der Brücke am Wasserturm zweigt der zweite ältere Kanalabschnitt, der *Altenplathower Altkanal*, ab. Dieser erreicht nach etwa 1,5 km wieder seinen jüngeren Bruder, den Elbe-Havel-Kanal.

In Rosdorf existiert ein weiteres technisches Denkmal, eine Dorfschmiede aus dem 18. Jahrhundert mit Hofzeichen des Ortes. Im Juni findet hier das Sommerfest mit dem Brühtrogwettpaddeln statt.

Genthin Zentrum der Genthiner Altstadt ist der *Marktplatz* mit der barocken, im 18. Jahrhundert erbauten *Stadtkirche* und mehreren im Stil des Historismus errichteten Bürgerhäusern. Näheres über die Stadtgeschichte erfahren wir im *Kreisheimatmuseum* in der Mützelstraße. In 11 Räumen informieren Austellungen über Landschaft, Kolonisation, wirtschaftliche Entwicklung und Volkskultur im Elb-Havel-Winkel. Auf Spuren der slawischen Bevölkerung, die vor der deutschen Kolonisierung der ostelbischen Gebiete im Elb-Havel-Winkel lebte, stieß man z. B. im Genthiner Ortsteil *Altenplathow*, nördlich des Elbe-Havel-Kanals. Beim Abriß der romanischen Kirche im Jahre 1904 fand man den ältesten *Figurengrabstein der altslawischen Herrscherfamilie von Plothe*. Einst ein slawisches Adelsgeschlecht, trat sie mit der Annahme des christlichen Glaubens in deutsche Dienste und wurde eine der einflußreichsten Herrscherfamilien im Elb-Havel-Winkel.

In Altenplathow befand sich einst eine Burg derer von Plothes. Aus diesem Adelsgeschlecht stammt auch Hermann von Plothe, der als Stadtgründer Genthins gilt, und eine weitere Nachfahrin, Elisabeth von Plotho, Vorbild für Fontanes »Effi Briest«.

Auch Dorfnamen mit der Endung *-ow* weisen auf den slawischen Ursprung hin. Oft kennzeichnete man später die Orte, in denen sich deutsche Siedler niederließen, mit einem vorangestellten »Groß«, in den mit »Klein« eingeleiteten Dörfern

In Zabakuck findet alljährlich im Juli das Harley-Davidsontreffen statt. Im Mai gibt es ein Oldtimertreffen, im Juni das Tiergarten- und im August das Feuerwehrfest.

fanden sich dagegen Slawen zu einem neuen Anfang ein. Es gibt allerdings Ausnahmen.

Zabakuck Einen besonders kuriosen Ortsnamen trägt *Zabakuck*, eine Gemeinde, die sich etwa 8 km nordöstlich von Genthin befindet. Dahinter verbirgt sich nichts anderes als das slawische Wort Zobaka, zu deutsch »Hund«. Vollständig übersetzt heißt der Ort, der mit seinen knapp 200 Einwohnern der kleinste des Kreises Genthin ist, »Hundeluft«. Einst war die Gegend hier ein weites Sumpfgebiet. Man sprach davon, daß dort weit und breit nur »Sumpfluft« aufsteige, doch irgendwann wurde Hundeluft, eben Zabakuck, daraus. Aber der Name sollte nicht abschrecken, denn in wald-, wiesen- und wasserreicher Umgebung bietet das Fremdenverkehrszentrum »Zabakucker See« viele Gelegenheiten – Campingplatz, Stellplätze für Wohnmobile, Café-Restaurant, ein Tiergehege mit 27 Tierarten, Sauna und Fitneßcenter, Reiterhof sowie ein gut erschlossenes Netz von Rad- und Wanderwegen in der Umgebung – für einen erholsamen Urlaub.

In der Umgebung Pareys bestimmen schon die Elbauen die Landschaft.

Parey Das größte Dorf des Kreises mit 3 200 Bewohner ist das am Elbe-Havel-Kanal gelegene Parey. Es kann auf eine über 1 000jährige Geschichte zurückblicken, denn kein anderer als der deutsche König Otto I. schenkte im Jahre 946 »Poregi« dem neugegründeten Bistum Havelberg. Deshalb bezeichnet man den schmalen Streifen zwischen Elbe und Elbe-Havel-Kanal auch heute noch als *»Havelsche Mark«*. Die weltliche Herrschaft in Parey übte über Jahrhunderte die Adelsfamilie von Plotho aus, die *Familiengruft* unter dem Altar in der *Pareyer Kirche* erinnert daran.

Gegenwärtig entsteht das *Naherholungsgebiet Parey*, welches Zeugnisse der industriellen Entwicklung einbeziehen soll. Ein alter *Ringofen* stammt aus der Blütezeit der Ziegelindustrie, eine Zweikammerschleuse führt das Schleusen in früheren Zeiten vor. Ferner bereichern eine *Paltrockmühle* und eine hölzerne *Kabelkrananlage* von 1921, die einzige dieser Art in Europa, die geplan-

Blühende Felder nördlich des Kanals

te Schauanlage. Diese technischen Industriedenkmale zeigen deutlich, daß der Elbe-Havel-Kanal auch das wirtschaftliche Lebenselexier des Elb-Havel-Winkel bildete.

Die leicht hügelige Landschaft nördlich des Kanals ist geradezu ideal für Radwanderungen. Insgesamt 6 *Radwanderkurse* und ein Teilstück des *Altmark-Radwanderweges* führen durch den Elb-Havel-Winkel. Zusätzlichen Anreiz bieten die alljährlichen Rad- und Wandertage, die herausragende Sehenswürdigkeiten des Gebietes zum Zielpunkt wählen. 1994 starteten die Radler beispielsweise in Genthin. Als Endpunkt der Tour wurde das bedeutendste Bauwerk des Elb-Havel-Winkels, das Kloster Jerichow, auserkoren.

Die Veranstalter lassen sich für den Rad- und Wandertag viele Überraschungen einfallen, zu denen ein musikalischer Auftakt, Festabzeichen und Essen aus der Gulaschkanone gehören.

Kloster Jerichow Wer hinter der Klosterbezeichnung eine Nähe zu dem altbiblischen Ortsnamen Jericho vermutet, der irrt. Denn auch hier griff man auf die slawische Namensgebung zurück. »Jery«, was soviel wie keck, forsch und kühn heißt, sowie »chow«, das in der Übertragung als Versteck oder Schutz gedeutet werden kann, führen in der Gesamtübersetzung zum »Versteck (Burg) des Kühnen«. Tatsächlich fanden im Jahre 1144 die Magdeburger Prämonstratensermönche eine slawische Siedlung mit Burgwall an dem Ort vor, an dem sie das neue Kloster errichten wollten. Mangels geeigneten Baumaterials nutzten sie die im Elb-Havel-Winkel reichlich vorhandene Lehm- und Schlickvorkommen. Sie formten und brannten das Material in Anlehnung an oberitalienische Bauweisen zu Backsteinen und beschritten damit in Norddeutschland neue Wege beim Bauen. Es entstand eine *dreischiffige Säulenbasilika*, ein Meisterwerk der romanischen Baukunst.

Älteste Siedlungsspuren reichen bis 1500 v. Chr. zurück. Im 6. Jahrhundert v. Chr. wurden die Slawen heimisch und erbauten die Burg, die durch einen künstlich angelegten Elbarm gut geschützt war.

Im Kircheninneren beeindrucken die schlichte Sachlichkeit, die Dominanz der roten Backsteine und die flache Holzdecke. Lediglich in den Leibungen der Vierungsbögen sind Reste von Wandmalerein zu entdecken, deren Entstehungszeit jedoch nicht eindeutig geklärt ist.

Das aufwendige Portal am Nordende des Kreuzganges – Ostflügel war als täglicher Zugang zur Kirche für die Chorherren bestimmt.

Südlich der Kirche schließen sich die *Klausurgebäude* und der *Kreuzgang* an, die ab 1200 in der heutigen Form entstanden. Im spätromanischen Sommerrefektorium werden im Rahmen des *»Jerichower Klostersommers«* von Mai bis Oktober Chorkonzerte zu Gehör gebracht oder Theaterstükke aufgeführt. Ein besonderer Höhepunkt im Juni jeden Jahres ist das dem Gründer des Klosters, dem Heiligen Norbert, gewidmete *»Jerichower Klosterfest«* mit Markttreiben, Konzerten, Vorträgen und mittelalterlichem Spektakel.

Informationen zu Geschichte und Baugeschichte vermittelt das neugestaltete *Klostermuseum*. Nach der Auflösung des Klosters im Jahre 1552 war die Anlage lange Zeit dem Verfall preisgegeben. Erst

Das Museum ist im einstigen Dormitorium (Schlafsaal im Kloster) unter-

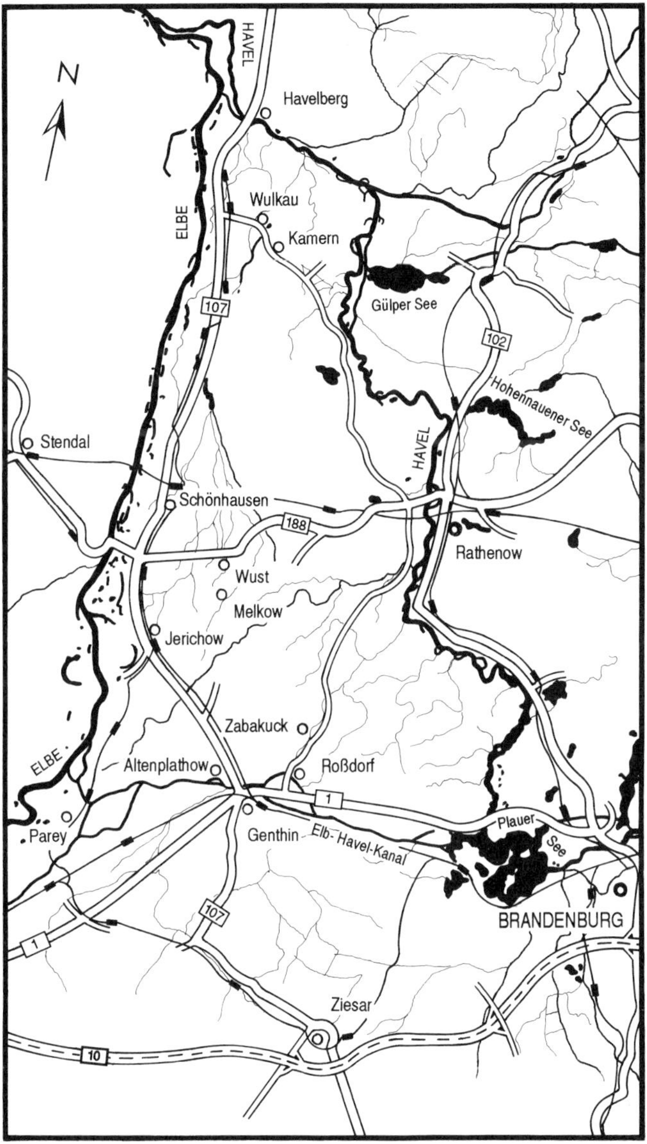
N
HAVEL
Havelberg
Wulkau
Kamern
ELBE
107
Gülper See
102
Hohennauener See
HAVEL
Stendal
Schönhausen
188
Rathenow
Wust
Melkow
Jerichow
Zabakuck
ELBE
Altenplathow
Roßdorf
1
Parey
Genthin
Elb-Havel-Kanal
Plauer See
BRANDENBURG
107
1
Berlin
Ziesar
10

gebracht. Einen Schwerpunkt bildet die von den Mönchen angewandte Backsteinherstellung.

auf Initiative des preußischen Denkmalkonservators, F. von Quast, fanden zwischen 1853 und 1856 erste Restaurationsarbeiten statt. 1945 wurde die einstige Klosterdomäne dann ein Volksgut. Die Instandsetzung des Kircheninneren erfolgte in den Jahren 1955 bis 1960. Ab 1965 legte man zudem weitere, bislang nicht zugängliche Klosterräume frei. Als nächstes sollen landwirtschaftliche Gebäude des heute als Domänengut bewirtschafteten Teils des früheren Klosters wiederhergestellt werden. Im Rahmen eines anderen Projektes wird voraussichtlich auch der *Klostergarten* wieder neu entstehen.

Das Kloster Jerichow zählt zu den wenigen nahezu vollständig erhaltenen romanischen Klosteranlagen des deutschsprachigen Raumes.

In der Stadt selbst hat man sich schon jetzt bestens auf Besucher vorbereitet, so u. a. im »Gasthof zur Klosterklause«. Hinter dem Namen verbirgt sich ein modernes Hotel mit Restaurant, das mit einem reichhaltigen Speisenangebot in gediegener Atmosphäre aufwartet. Einem längeren Aufenthalt im Elb-Havel-Winkel steht also nichts im Wege.

Freunde der romanischen Baukunst werden begeistert sein, denn es gibt hier außer dem Kloster eine große Zahl von Dorfkirchen, die aus der Anfangszeit der deutschen Besiedlung stammen.

Melkow Einen Überblick zu diesem Thema können wir uns in der Kirche von Melkow verschaffen, das nur wenige Kilometer nordöstlich von Jerichow liegt. In der Melkower *Kirche* befindet sich seit 1993 eine *Ausstellung* über die zu Stein gewordenen Zeugnisse der Romanik. So informiert sie z. B. über die stilrein erhaltene Kirche in Redekin oder die älteste Dorfkirche in Großwulkow.

Ein Rätsel geben Einschürfungen an den äußeren Kirchenwänden auf. Deutungen weisen auf die Pestjahre im Mittelalter hin. Es wird vermutet, daß es sich um Kratzspuren der kranken Menschen handelt, die sich vom gewonnenen »Staub« eines Gott geweihten Hauses eine heilsame Wirkung versprachen.

Die Melkower Kirche selbst ist romanische Architektur »pur«. Mit ihren mächtigen Westturm erscheint sie fast wie eine »Kleinausgabe« des Havelberger Doms. Die *Schautafeln* der Austellung vermitteln zudemWissenswertes über das Leben während des 12. Jahrhunderts im Jerichower Land, jenem Kirchenkreis zwischen Elbe und Havel, und widmen sich den Verdiensten der Prämonstratensermönche, die den Weg für die romanische Backsteinarchitektur in Norddeutschland wiesen. In der

Turmhalle der Melkower Kirche soll demnächst ein Brandofen aufgebaut werden, der die Herstellung der Backsteine, dem Baumaterial der Kirchen im Jerichower Land, demonstrieren soll.

Wust Die *Kirche* im benachbarten Wust ist ein Beispiel barock veränderter Backsteinarchitektur der Romanik. Das Beispiel der Wuster Kirche macht deutlich, daß romanische Kirchen eine grundlegende Neugestaltung erfahren haben, sobald sich später zahlungskräftige Adelsfamilien in den Dörfern ansiedelten. In Wust sorgten Hans von Katte und seine Ehefrau Dorothee Katharina in der zweiten Hälfte des 17. Jahrhunderts für die umfassende Kirchenerneuerung. Einer ihrer Nachfahren mußte 50 Jahre später mit dem Leben dafür zahlen, daß er als Freund des preußischen Kronprinzen und späteren Königs Friedrich II. mit ihm das Wagnis der Flucht aus dem königlichen Elternhaus einging. Hans Hermann von Katte wurde am 6. November 1730 dafür mit dem Schwert hingerichtet. Diese grausame, vom Vater Friedrichs II. verfügte Strafe, sollte den Kronprinzen als abschreckendes und erzieherisches Beispiel auf den »rechten Weg« bringen. Hans Hermann von Katte fand seine letzte Ruhestätte im *Gruftanbau* der Wuster Dorfkirche. Das Schwert, mit dem man das Urteil vollstreckte, befindet sich heute im Museum im Frey-Haus in Brandenburg. Ob es wirklich die historische Waffe ist, steht allerdings nicht genau fest. Ein Gerücht behauptet, daß der Henker sich ein zweites Exemplar in klingende Münzen umwandeln ließ.

In Inneren lassen die kunstvoll bemalte Kirchendecke und Emporen den Einfluß flämischer Malerei erkennen.

Friedrich wollte nach London zu einer ihm ursprünglich versprochenen Prinzessin und beriet sich mit Katte über die Flucht. Friedrichs Vater verhängte das Todesurteil über Katte, obwohl das Kriegsgericht zweimal auf »Lebenslänglich« entschieden hatte.

Schönhausen Eine andere Persönlichkeit, die im Elb-Havel-Winkel zu Hause war, überging man zu DDR-Zeiten mit Schweigen. Die Rede ist von Otto von Bismarck, einer der bedeutendsten Staatsmänner Preußens und Deutschlands. Dieser siedelte 1846 in das 10 km nördlich von Jerichow gelegene Schönhausen auf das elterliche Gut um und begann von hier aus seine politische Karriere. Doch die Machthaber nach 1945 versuchten alles, um ihn

Auf Grund seiner großen politischen Verdienste erhielt Bismarck 1871 vom Kaiser den erblichen Fürstentitel.

Eisernen Willen besaß Bismarck bereits als Deichhauptmann. Die Unterschriften von den Schönhausener Bauern für den erforderlichen Neubau eines Deiches erzwang er, indem er sich und seine Untergebenen im Wirtshaussaal einschloß und wartete, bis der Hunger sie gefügig machte.

aus dem Gedächtnis zu streichen. Zuerst wurde das Museum, in dem heute ein Gymnasium untergebracht ist, geschlossen. Aus dem Park verschwanden die Skulpturen und die Kanonen, die Bismarck vom Kaiser nach dem Sieg gegen die Franzosen als Geschenk erhielt. Am 2. August 1958 erfolgte schließlich die Sprengung des Bismarckschen Schlosses (bis auf einen kleinen Seitenflügel).

Nur das *Taufbecken* des ersten deutschen Kanzlers steht heute noch in der Kirche. Zwischenzeitlich hat die Rückbesinnung jedoch bereits konkrete Formen angenommen. Das »Gasthaus am Bismarckpark« oder der »Gasthof Fürst Bismarck« sind nur zwei Beispiele. Bald werden wieder die Statuen ihren Platz einnehmen, darunter auch der Herkules, dem der junge Bismarck einst mit einer Schrotladung seines Gewehres das »Hinterteil« verschönte. Auch an ein neues Museum ist gedacht – nur fehlt leider noch das passende Domizil.

Kamern Das »Elb-Havel-Winkel-Museum« im 25 km entfernten Kamern versucht, das ländliche Leben vergangener Zeiten zu dokumentieren und Arbeitsgeräte sowie alte Gebäude für nachfolgende Generationen zu erhalten.

Der besondere Tip:

Kunstauktion in romanischen Gemäuern

Obwohl noch jung an Jahren stößt der Jerichower Kunstmarkt schon jetzt auf eine große Resonanz. Im Kloster Jerichow finden seit 1990 jeweils im September des Jahres Kunstauktionen statt. Es werden Arbeiten von national und international bekannten Künstlern versteigert. Im Jahre 1993 standen 117 Grafiken und 33 originalgrafische Bücher und Mappen u. a. von Hans Fronius und Georg Eisler aus Österreich sowie Otto Paulok, Otto Niemeyer-Holstein und Horst Janssen zum Gebot. Weitere Anziehungspunkte sind Ausstellungen und Lesungen.

Havelländische Husaren, Dichter und Flieger

Rathenow · Nennhausen · Buckow · Ländchen Rhinow · Neuwerder

Anreise:
mit dem Auto *über die B 188 oder B 102 nach Rathenow und Weiterfahrt entsprechend nächstem Reiseziel*
mit der Bahn *bis Rathenow bzw. Rhinow*

Denkmal des Großen Kurfürsten Friedrich Wilhelm in Rathenow

Von unserem Abstecher in den Elb-Havel-Winkel begeben wir uns nun an die Havel zum Plauer See bei Brandenburg zurück, doch folgen wir ihr jetzt direkt nach Norden. Viermal – in Bahnitz, Rathenow, Grütz und Garz – wird die sich so langsam dahinschlängelnde Havel durch Staustufen unterbrochen, die ihren natürlichen Lauf regulieren. Auf ihrem weiteren Weg zwischen Plauer See und Havelberg stören jedoch keine künstlichen Hindernisse mehr den Havellauf. Dennoch gibt es hier ebenfalls viele Orte, deren Bewohner über die großen Anstrengungen berichten könnten, die vor dem Bau des Elbe-Havel-Kanals erforderlich waren, um die Havelschiffahrt auf der *Unteren Havel* zu gewährleisten. Die Bemühungen reichen bis in das 13. Jahrhundert zurück. In dieser Zeit stellten vor allem die zahlreichen Wassermühlen, ein Problem dar, denn um die Strömung zu erhöhen, hatte man das Flußbett an den Mühlen deutlich verengt. Die Havelschiffe nutzten deshalb sogenannte Flut- bzw. Freiarchen, um die Mühlen zu »umfahren«.

Die zwischen 1910 und 1912 errichteten Staustufen dienten vor allem dem Schutz vor Hochwasser.

Rathenow Westlich der Rathenower Altstadt boten beispielsweise zwei Havelarme, die *Kleine und Große Arche*, diese Möglichkeit. Die Rathenower ließen sich das mit der Havelschiffahrt verbundene Geschäft natürlich nicht entgehen. Auch eine im Jahre 1561 gebaute *Kesselschleuse* besserte die Stadtfinanzen erheblich auf. Die Hälfte des Schleusenzolls verblieb der Stadt, und diese Einnahmen investierten die Rathenower u. a. in den Bau eines Rathauses und in die Erweiterung der *St. Marien Andreas-Kirche*, die zwischen 1517 und 1580 gotisch umgebaut wurde. Über Jahrhunderte war die Havelschiffart aufs engste mit dem Wirtschaftsrythmus der Stadt verbunden. Die Schiffe passierten die *Stadtschleuse* (1732 errichtet), be- oder entluden ihre Waren am Ufer des *Schleusenkanals*. Doch die immer größer werdenden Schiffe, darunter die seit 1842 regelmäßig zwischen Berlin und Hamburg verkehrenden Dampfschiffe, erforderten mehr und mehr eine leistungsfähigere Was-

Kesselschleusen nahmen bis zu 10 Schiffe auf. Die ersten Schleusen waren aus Holz.

Das Dampfschiff »Henriette« bot z. B. 100 Personen Platz und konnte zudem noch 3–4 Tonnen Ladung aufnehmen.

serstraße. Diese entstand mit dem Bau der *Neuen Schleuse* und dem *Rathenower Hauptschleusen-Kanal* westlich der Kleinen und Großen Arche zwischen 1898 und 1901. Gleichzeitig wuchs am linken Ufer dieses Kanals eine neue Siedlung heran, die zunächst als *Kolonie Gebhardtsdorf* zum Kreis Jerichow II, konkret zum Ort *Steckelsdorf*, gehörte. Lange und entschlossen kämpften die Einwohner der Kolonie dafür, sich administrativ von den Steckelsdorfer Bauern zu lösen und die Eingemeindung nach Rathenow zu erzwingen. An einem Oktobertag im Jahre 1902 gaben sie ihrem Protest deutlich Ausdruck – aufgebrachte Bürger stellten ein Schild auf, auf dem geschrieben stand: »Dieser Ort heißt Neue Schleuse bei Rathenow, Basta.« Schließlich erreichten sie nach acht Jahren ihr Ziel, Rathenow erhielt einen neuen Stadtteil. Die hier lebenden Menschen arbeiteten hauptächlich in den optischen Betrieben, die nach der Gründung der ersten »optischen Industrieanstalt« im Jahre 1800 die Havelstadt zu einem wichtigen brandenburgischen Industriestandort erhoben hatten. Doch auch als Garnisonstadt erlangte Rathenow Bedeutung. Im Jahre 1679 quartierte der Große Kurfürst Friedrich Wilhelm die 5. Kompanie des Kurfürstlichen Leibregimentes zu Pferde in Rathenow ein. Obwohl die Stadt seit 1351 das Privileg besaß, keine Soldaten beherbergen zu müssen, brachte am 25. Juni 1675 ein Ereignis die alles entscheidende Wende, das als *»Tag von Rathenow«* in die Stadtgeschichte einging. Friedrich Wilhelm vertrieb mit seinem vom Rhein in Eilmärschen herangeführten Heer die schwedischen Truppen aus Rathenow. Die Havel war in die militärischen Handlungen einbezogen – vom nahegelegenen Böhne gelangten etwa 500 Musketiere auf Schiffen in die belagerte Stadt und leiteten die Rückeroberung Rathenows ein. Am *Schleusenplatz* erinnert ein von J. G. Blume geschaffenes und im Jahre 1738 enthülltes Denkmal an diese Geschehnisse sowie an die weiteren militärischen Erfolge Friedrich Wilhelms. Bevor

Rathenow wurde 1216 erstmals urkundlich erwähnt. Der Name bedeutet soviel wie »Besitz eines Kriegers«. Die ersten deutschen Siedler kamen aus dem Rheinland.

Begründer der optischen Industrie war der Pfarrer J. H. A. Duncker (1767–1843). Biographisches über Duncker sowie über den neuen Wirtschaftszweig läßt sich im Rathenower Kreismuseum in Erfahrung bringen.

An die militärische Ära Rathenows und speziell an die hier stationierten Truppen des Ziethen-Husaren-Regiments Nr. III erinnert das alljährliche Ziethenhusarenfest im September.

jedoch das *Denkmal* hier aufgestellt wurde, nutzten die in Rathenow vier Jahre nach dem denkwürdigen Sieg stationierten Soldaten den Schleusenplatz zum Exerzieren.

Bester Freund von Fouqué war A. v. Chamisso, der zum Andenken an Nennhausen das Gedicht »Der Pappelbaum« schrieb.

»Allerliebst« hieß noch die netteste Bezeichnung, die sich Goethe über die »Undine«, das Hauptwerk des Dichterkollegen, abrang.

»Und fragt dann eine wohl nach mir,
So sprich: er ist ein treuer Ritter,
Und dient den Fraun mit Schwert und Zither
Bei Tanz und Mahl, Fest und Turnier
(Einleitung der Undine)

Nennhausen Während sich Rathenow einen Platz in der Militärgeschichte erobern konnte, ist das nur 12 km östlich gelegenen Nennhausen, wo einst Schöngeister über Gott und die Welt philosophierten, in die Literaturgeschichte eingegangen. Hier lebte 30 Jahre lang der Baron Friedrich de la Motte Fouqué und scharte alles um sich, was im frühen 19. Jahrhundert in Berlin den »geistigen« Ton angab – August Wilhelm Schlegel, E. T. A. Hoffmann, Adalbert von Chamisso, Wilhelm von Humboldt. Fouqué selbst blieb seinerzeit sehr umstritten. Keiner unter den Romantikern verstieg sich so konsequent in eine nordische Ritter- und Sagenwelt wie der Baron. Alle, die damals in Nennhausen ein- und ausgingen, wurden nicht müde, zu versichern, daß Fouqué ein feiner Kerl sei, nur als Dichter eben nicht der talentierteste. Trotzdem, Nennhausen war ein Musentempel, die »Kapitale« der Berliner Romantik. Im neugotischen *Herrenhaus* las man vor, musizierte, in Gespräche vertieft saß man auf der Terrasse oder machte Spaziergänge. Das Haus steht heute noch, aber wie! – Als Hülle mit leeren Fenstern. Die Zeit der Romantik liegt lange zurück, und der reale Sozialismus hatte damit nicht viel im Sinn. In Nennhausen nahm ganz pragmatisch ein Schweinemastbetrieb den Park in Besitz. In das Herrenhaus zogen nacheinander Schule, Kindergarten, Bibliothek, Sparkasse und Rat der Gemeinde. 1983 kam nach einem Brand das endgültige Aus. Man muß also die Augen schließen, um den Geist der Zeit Fouqués zu spüren. Einen Lichtblick gibt es, Erhaltung und Instandsetzung haben 1993 begonnen. Auch der *Park* mit den 200jährigen Baumriesen und der Fouqué-Eiche soll wiederhergestellt werden. Hoffen wir also auf die Zukunft. In der *Kirche* des Ortes erinnern ein Schild und ein Schwert ne-

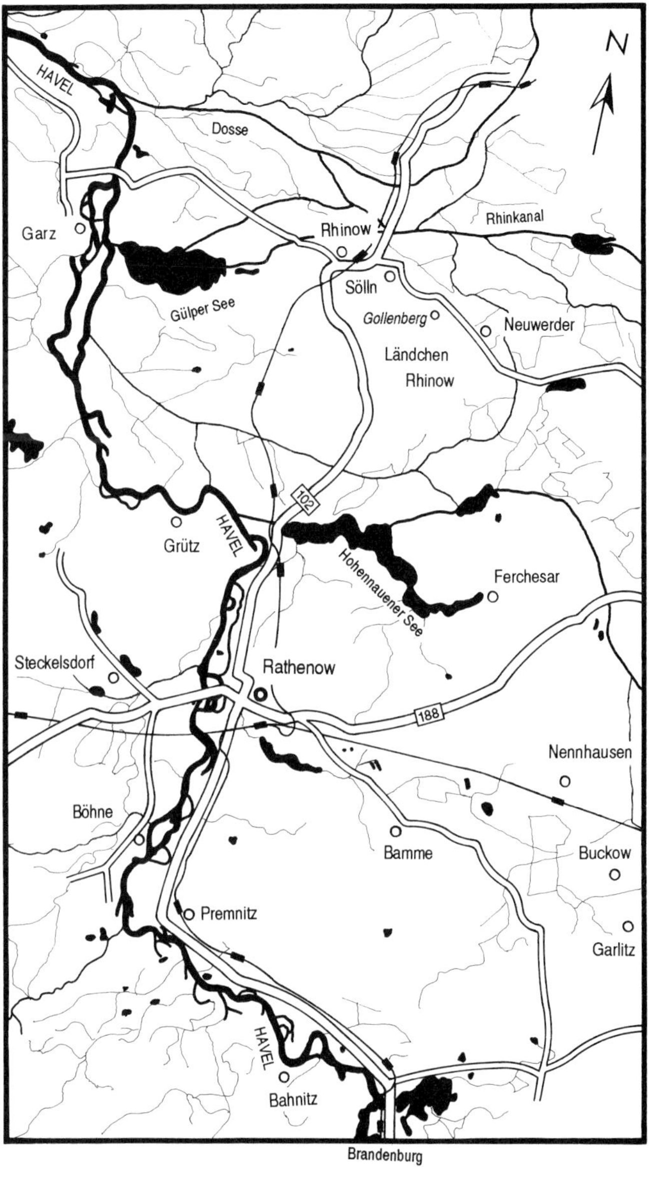
N
HAVEL
Dosse
Garz
Rhinow
Rhinkanal
Sölln
Gülper See
Gollenberg
Neuwerder
Ländchen
Rhinow
102
Grütz
HAVEL
Hohennauener See
Ferchesar
Steckelsdorf
Rathenow
188
Angermünde
Nennhausen
Böhne
Bamme
Buckow
Premnitz
Garlitz
HAVEL
Bahnitz
Brandenburg

ben dem Altar ebenfalls an den Baron. Der verhinderte Ritter, ein begeisterter Teilnehmer der Befreiungskriege gegen Napoleon, schenkte beides dem Dorf. Auf dem *Ehrenschild* steht: »Dieses Schwerdt hat der Baron de la Motte Fouqué im Jahre 1813 zur Verteidigung des Vaterlandes ehrlich geführt, und es zu Gottes Lob und Preis für den Sieg der gerechten Sache hierher geweihet an 13ten Januar 1814.«

Buckow 3 km südöstlich des Herrensitzes Fouqués erreichen wir Buckow. Hier befindet sich am Ortsausgang in Richtung Nennhausen eine *Naturschutzstation* des Landesumweltamtes Brandenburg, die sich besonders dem Schutz der Großtrappe widmet. Dieser Vogel ist in Mitteleuropa fast ausgestorben. Doch hier, zwischen den vielen Kanälen, in den Feuchtgebieten des Luchs, leben noch einige Exemplare. Ein Besuch der Station kann derzeit leider nur in der Woche erfolgen, samstags und sonntags bleibt sie geschlossen. Über schmale, kleine Wege gelangen wir in das nur ca. 8 km westlich, schon wieder kurz vor Rathenow gelegene Bamme. Am Dorfeingang empfängt uns die älteste noch existierende Mühle Brandenburgs aus dem 15. Jahrhundert.

Zwischen Garlitz und Buckow gibt es einige hölzerne Beobachtungstürme, die einen guten Blick über das flache Land ermöglichen und mit etwas Glück die Beobachtung von Großtrappen zulassen.

Ländchen Rhinow Nördlich des Hohennauener Sees beginnt das Ländchen Rhinow, das mit seinen »Bergen« – Höhenunterschiede von mehr als 70 m – aus der ansonsten recht flachen Havellandschaft herausragt. Besonders anziehend wirkten diese Höhen auch auf Otto Lilienthal, der von 1894 bis 1896 zahlreiche Flugversuche vom *Gollenberg* nahe des Ortes Stölln unternahm. Mit selbstkonstruierten Fluggeräten gelangen ihm von der Anhöhe des Berges für die damalige Zeit sensationelle Weiten von bis zu 280 m. Am 9. August 1896 stürzte Lilienthal bei einem seiner Flugversuche ab und verunglückte tödlich. An der Absturzstelle erinnert ein Gedenkstein an den wagemutigen Flugpionier.

Gollenberg bedeutet soviel wie »goldener Berg«, ein Eindruck, der durch das trockene, gelbe Gras hervorgerufen wird.

Am 23. Oktober 1989 erregte die Landung eines *Langstreckenflugzeuges* russischer Bauart einiges

Aufsehen. Das Linienflugzeug außer Dienst beherbergt nunmehr eine Erinnerungsstätte für Lilienthal und die wohl ungewöhnlichste Einrichtung in dieser Art weit und breit – ein *Standesamt.*

Neuwerder Auf Spuren ganz anderer Art stoßen wir bei einer Wanderung durch die Rhinower Berge. In dem einstigen von Holländern gegründeten Kolonistendorf Neuwerder, nur 4 km östlich von Stölln gelegen, existieren noch einige bemerkenswerte *niederdeutsche Bauernhäuser.* Am besten erkennbar wird dieser ehemals zwischen Holland und Oder weitverbreitete Haustyp am *Haus Nr. 13*, allerdings fehlt hier das charakteristische Strohdach. Die einstöckigen Fachwerkhäuser beherbergten Wohn- und Wirtschaftsräume unter einem Dach.

Neuwerder ist einer der letzten Orte, die durch die Trockenlegung des Rhinluchs entstanden.

Anfangs gab es entlang der Dorfstraße nur auf einer Seite neu errichtete Häuser. Der Spott ließ nicht lange auf sich warten, und so hieß es: »In Neuwerder werden die Eierkuchen nur auf einer Seite gebacken.«

Letztendlich haben sich die Neusiedler ihre Heimat in den Niederungsgebieten rechts der Havel hart erkämpfen müssen. Sie und ihre Nachfolger legten Kanäle an und entwässerten viele der Feuchtgebiete. Zu den zahlreichen künstlichen Wasserstraßen zählt auch der Rhinkanal nördlich von Neuwerder. Dieser ist neben der Dosse einer der letzten größeren Abzweigungen bzw. Zuflüsse der Havel vor der Elbeinmündung.

Der besondere Tip:

Flugschau am Gollenberg

Die Einwohner von Stölln halten das Andenken an »ihren« berühmten Flieger auf vielfältige Weise am Leben. Mit einem einfachen Gedenkstein fing es 1952 an, 27 Jahre später wurde das Otto-Lilienthal-Fest aus der Taufe gehoben. Alljährlich am ersten Augustwochenende verwandeln sich das Dorf und der Gollenberg mit dem Segelflughafen zum Eldorado für Flugbegeisterte. Ob Segel-, Motor-, Ultra-leicht- oder Drachenflieger – es gibt viele Möglichkeiten, das Ländchen Rhinow aus der Vogelperspektive kennenzulernen. Doch wem der Mut dazu fehlt, kann sich auch einfach nur dem bunten Jahrmarkttreiben auf sicherer Erde hingeben.

Die kleine Schwester der Havel

Neustadt · Kampehl · Wusterhausen · Fontanewanderweg · Kyritz · Kyritzer Seenkette und Umgebung

Anreise:
mit dem Auto *über die B 5 bzw. B 102 bis Neustadt/Dosse und weiter entsprechend nächstgewähltem Reiseziel*
mit der Bahn *auf der Strecke Berlin–Nauen–Wittenberge bis Neustadt, von Neustadt weiter Richtung Kyritz bzw. ausgewähltem Reiseziel*

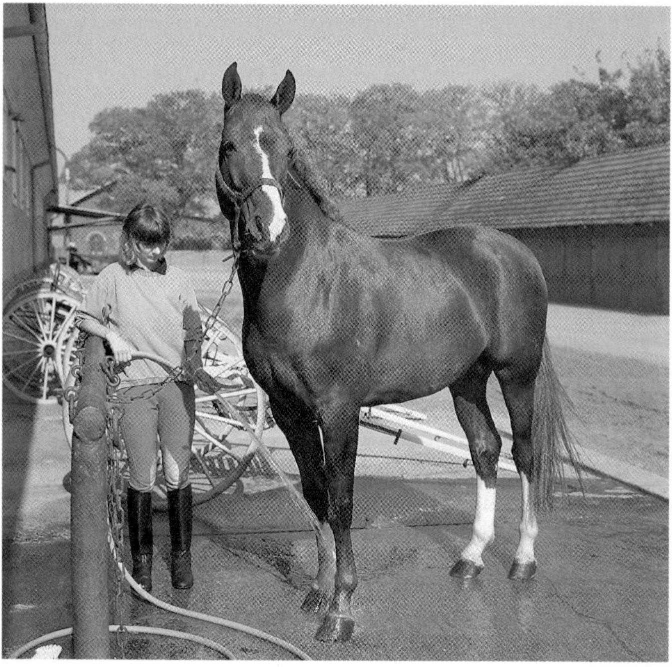

Im Haupt- und Landesgestüt Neustadt/Dosse

Bevor die Havel nach etwa weiteren 30 km in die Elbe mündet, leitet ihr die von Osten kommende Dosse noch einmal »neues« Wasser zu.

Dosse Die Dosse ist ein nur kleiner Fluß, meist nur einige Meter breit, aber an ihren Ufern gibt es Städte, Dörfer und Landschaften, die sich durchaus lohnen, gesehen zu werden. Sie entspringt nordöstlich von Wittstock, schon nahe der mecklenburgischen Grenze. Etwa 80 km fließt, besser plätschert sie durch eine Landschaft, die man *Prignitz* nennt. Die Dosse bildet somit den »Hauptstrom« dieser Region. Auf unserer Entdeckungsreise beschränken wir uns auf ihren Unterlauf – flußaufwärts – bis zum Kyritzer Seengebiet. Während am Unterlauf der Dosse, zwischen Haveleinmündung und Neustadt, noch Kanäle, feuchte Wiesen und Ackerflächen die Landschaft bestimmen (Dosse-Havel-Elbe-Niederung), sind es weiter nördlich Wälder, Seen, aber auch Felder auf Sand- und Lehmboden. Das Niederungsgebiet setzt praktisch das Havelländische Luch fort. Der Nordteil hingegen stellt eine Sander- und Grundmoränenfläche dar, die während der Eiszeit entstand.

Die Prignitz ist altes Siedlungsgebiet. Erste Versuche des jungen deutschen Staates, die Slawen östlich der Elbe in ihr Herrschaftsgebiet einzubeziehen, begannen hier im 10. Jahrhundert u. a. in Havelberg, Wittstock, Perleberg, Kyritz.

Wir wenden uns nun der Dosse zu, flußaufwärts Richtung Neustadt.

Neustadt gilt weit über die Grenzen Brandenburgs als »Pferdestadt«. Sie beherbergt eines der drei großen traditionellen Landesgestüte Deutschlands. Jedoch gibt es weit mehr zu entdecken als die *berühmte Pferdezucht.* »Neustadt« sollte also nicht nur Pferdeliebhaber neugierig stimmen. Die Stadt bildet den südlichen Zugang zur Prignitz, dem Land von Ackerbau, Viehzucht, kleinen Landschlössern und herrlichen Alleen. Mit dem Bau der Eisenbahnen avancierte der Ort im 19. Jahrhundert zu einem wichtigen »Verkehrsknotenpunkt«.

Das Wappen Neustadts stiftete einst der Landgraf von Hessen-Homburg – ein gezinnter Torbau mit Kuppeldach, darauf ein Löwe und ein Elch. Der Löwe war das Wappentier des Landgrafen, der Elch könnte eine Erinnerung an seine Aufenthalte in Schweden sein, wo seine erste Frau zu Hause war.

Zahlreiche Handelsstraßen – nach Wittenberge (Hamburg), Berlin, Neuruppin, Pritzwalk, Rathenow – waren schon vorhanden. Das in Teilen klassizistische *Bahnhofsgebäude* erinnert an die »Glanzzeit« der Eisenbahn. Die Geschichte des

Ortes setzte aber natürlich wesentlich früher ein. Schon im 12./13. Jahrhundert sicherte eine Befestigungsanlage den Dosseübergang. Neustadt wäre wohl ein bedeutungsloser Flecken geblieben, hätte die häufig wechselnden Besitzer wie die von Bredows, von Quitzows, Grafen zu Lindow-Ruppin u. a. nicht 1662 ein sehr tatkräftiger Mann abgelöst. Es handelte sich um den Prinzen von Hessen-Homburg, den späteren Landgrafen von Hessen-Homburg Friedrichs II., der uns aus dem Kleistschen Werk bekannt ist – ein Denkmal von 1929 ehrt ihn. Sieben Bauernhöfe und eine Mühle bildeten den Ausgangspunkt für die Stadt, die 1664 vom Kurfürsten mit allen dazugehörigen Privilegien ausgestattet wurde. Nicht unwesentlich beeinflußten die hier angesiedelten Hugenotten aus Frankreich sowie Holländer und Franken die Entwicklung. Trotz eines Brandes im Jahre 1666 ging der wirtschaftliche Aufschwung voran. Eine Eisenhütte, eine Papiermühle und vor allem die Spiegelmanufaktur trugen dazu bei. Im Ortsteil Spiegelberg erinnern herrenhausähnliche Gebäude mit Park (Spätbarock) sowie alte Fachwerkhäuser daran, daß sich hier von 1688–1844 die größte Spiegelmanufaktur Brandenburgs befand. Ebenso interessant ist die *Kirche*, die 1696 vollendet wurde und als erster Zentralbau der Mark gilt – Turm mit Haube und geschlossener Laterne. Doch nun zum wichtigsten, zur Pferdezucht. Um 1788 ließ der König Friedrich Wilhelm II. das nach ihm benannte Gestüt in Neustadt einrichten, um den wachsenden Pferdebedarf der Kavallerie und des königlichen Marstalls zu decken. Bis heute zieht das *Haupt- und das Landesgestüt* Hengste und Zuchtstuten heran. Waren es früher die Militärpferde, so steht seit dem Ersten Weltkrieg die Zucht edler Warmblüter als Sportpferde im Mittelpunkt. Ausgebildete Hengste und Zuchtstuten werden verkauft oder gelangen zur jährlichen Auktion, die jeweils im April stattfindet. Das Gestüt verfügt über eine anerkannte Fachschule für Reit- und Fahrausbildung. Die

Das Preußendrama »Prinz Friedrich von Homburg« schrieb Heinrich Kleist zwischen 1809 und 1811, herausgegeben posthum 1821.

Die wertvollen Spiegel für die Potsdamer und Berliner Schlösser ließen die Kurfürsten und Könige in der Neustädter Manufaktur fertigen.

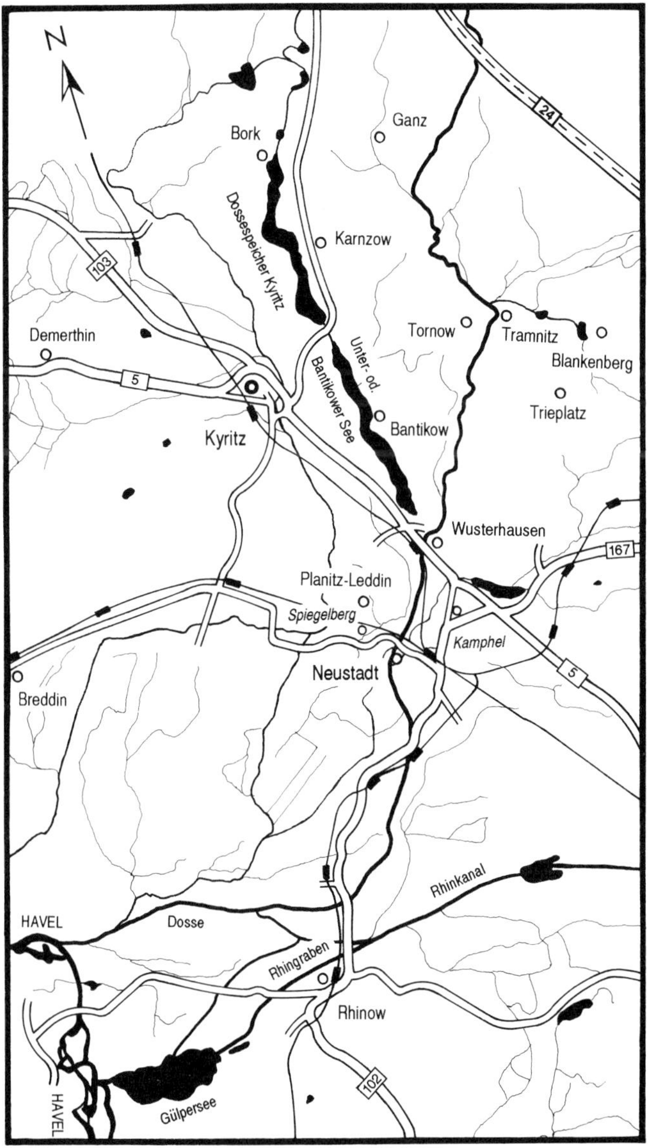
N
Berlin
24
Ganz
Bork
Dossespeicher Kyritz
Karnzow
103
Demerthin
Tornow
Tramnitz
Blankenberg
Unter- od.
Bantikower See
5
Trieplatz
Bantikow
Kyritz
Wusterhausen
167
Planitz-Leddin
Spiegelberg
Kamphel
Neustadt
5
Breddin
Rhinkanal
HAVEL
Dosse
Rhingraben
Rhinow
102
HAVEL
Gülpersee
Rathenow

Die Arbeit mit den Tieren, die Formung ihres Charakters, die Reitschule – all das kann man hier kennenlernen und natürlich selbst Reitunterricht nehmen (auch für Kinder).

Wohngebäude des Landes- und Hauptgestütes stammen aus der Barockzeit und fallen durch ihren zum Teil schloßartigen Charakter auf. Um sie herum gruppieren sich weitläufige Stall- und Wirtschaftsgebäude – alles verbunden durch schöne Baumalleen. Viele Reit- und Spazierwege laden zu erholsamen Ausflügen ein.

Kampehl Nur wenige Kilometer nördlich von Neustadt liegt das Dorf Kampehl, das wegen seiner skurrilen Mumie jährlich zahlreiche Touristen anzieht. In der alten, um 1250 errichteten *Feldsteinkirche* liegt wie »Schneewittchen« im Glassarg die nun schon 290 Jahre alte *Mumie des Ritters Kahlbutz*. Die Sage von »Kahlbutz« zählt ohne Zweifel zu den bekanntesten Brandenburgs. Die Familie Kahlbutz besaß das Rittergut Kampehl im 17. und 18. Jahrhundert. Christian Friedrich soll ein besonders gewalttätiger und jähzorniger Vertreter dieser Sippe gewesen sein. Seine »Hauptbeschäftigung«, neben dem Waffenhandwerk, war es, Frauen und Mädchen nachzustellen. Obwohl selbst verheiratet und mit 11 Kindern gesegnet, gab es angeblich weitere 30 außereheliche »Kahlbutznachkommen«. So schlich er 1690 auch der Braut des Schäfers Pickert aus Bückwitz, Maria Leppin, nach. Da diese sich ihm verweigerte, erschlug er den Bräutigam beim Hüten der Schafe am Bückwitzer See. Keiner konnte die Mordtat beweisen, aber alle kannten den Mörder. Maria erhob Anklage. Kahlbutz aber beschwor seine Unschuld, und so ward er freigesprochen. Bei der Renovierung der Kirche im Jahre 1794 fand man in der Gruft eine unverweste, mumifizierte Leiche. Dies war Christian Friedrich, 1702 gestorben und hier beigesetzt. Schnell entstand die Legende, daß der Ritter bei seinem Meineid hinzugefügt habe, sein Leib solle nach seinem Tode nicht verwesen, wenn er falsch ausgesagt hätte. Und so geschah es. Für die oft gepeinigten Bauern galt es als Beweis der himmlischen Gerechtigkeit. Ein Wunder ist die Mumie allerdings nicht. Es gibt verschiedene wissenschaftliche Erklärungen.

Die Kirchenbucheintragung lautet, halb dunkel, halb deutlich: »Anno 1690 ist Pickert aus Bückwitz so auf dem Dorf gestorben im Unglück, von dem Herrn Cornet von Kahlbutz begraben.«

Der Geist des Ritters: Wer nachts die Schwenzebrücke zwischen Kampehl und Wusterhausen passiert, dem hockt er auf und läßt sich eine Strecke tragen.

Die Mumie des Ritter Kahlbutz in der Kampehler Kirche

Kahlbutz litt wahrscheinlich an völliger Auszehrung infolge von Tbc. Durch den doppelwandigen Eichensarg, seine Ausdünstungen und den mangelnden Nährboden der abgemagerten Leiche wurde die Zersetzung unterbunden. Der verlederte, nicht einbalsamierte Körper wiegt heute noch ganze 7 kg. Egal wie es sich nun verhielt, Kahlbutz hat Kampehl bekannt gemacht und ist heute eine gute Einnahmequelle für die Kirche.

Wusterhausen Weiter geht die Reise nach Wusterhausen, das wir in nördlicher Richtung kurz darauf erreichen. Die Kleinstadt überrascht den Besucher durch die große Kirche und den auch etwas zu groß geratenen Marktplatz. Die »überdimensionierte« *Stadtmitte* vermittelt etwas von jener Bedeutung, die Wusterhausen einst durch das »Monopol am Salztransport« an der Straße von

Mumien wie in Kampehl sind in Brandenburg nicht so selten, wie es auf den ersten Blick scheinen mag. Im Havelland gibt es sie zudem in Berge (zwei Mumien) und in Nennhausen. Beide Grabstätten sind nur auf Nachfrage in der Kirche zu besichtigen.

Rostock nach Süden besaß. Hier mußte die Dosse überquert werden, und der kleine Fluß war von nun an schiffbar. Als das Monopol durch Geheiß des Kurfürsten erlosch, erlahmte die wirtschaftliche Entwicklung. Kriege und Brände brachten Vernichtung. Die Blütezeit Wusterhausens gehörte der Vergangenheit an. Bauern, Braumeister, Tuchmacher und vor allem Schuster prägten von nun an das städtische Leben. Letztgenannte Zunft brachte Wusterhausen den Beinamen »Schusterhausen« ein. Wenn wir heute durch die verträumte Stadt gehen, fällt die große, schön renovierte *Stadtkirche St. Peter und Paul* auf. Schon 1250 errichtet, erhielt sie in 4 Ausbaustufen bis ins 17. Jahrhundert ihre heutige Gestalt. Spätgotische Wandmalereien, ein Barockaltar und viele andere Details schmücken das Innere. In der historischen *Altstadt* befinden sich zudem die Friedhofskapelle von 1351, Stadtmauerreste sowie alte Fachwerkhäuser, die um 1700 und danach entstanden (Kyritzer Straße). Das große Rathaus, ein spätklassizistischer Bau, stammt aus dem Jahre 1854. Wusterhausen hat aber noch anderes zu bieten – eine reizvolle Umgebung. Der Ort liegt am Ende der *Kyritzer Seenkette*. Angenehmen Zeitvertreib bieten das Strandbad, Motorbootfahrten, der Segler- und Anglerhafen, der Campingplatz, zwei Tennisanlagen, Fahrten mit der Pferdekutsche u. a. Ideal ist Wusterhausen auch als Ausgangspunkt für Wanderungen. Besonders der Fontanewanderweg entlang der Dosse ist Wanderfreunden ans Herz zu legen.

Mehr über die Geschichte Wusterhausens erfährt man im Museum Am Markt, untergebracht in einem schönen Fachwerkbau.

Ein schöner Wanderweg führt am Ostufer des Untersees nach Bantikow (4 km). Vorbei an Schiffsanlegestelle, Strandbad (mit FKK) und Campingplatz, kann man von Bantikow mit der Fähre auf die kleine Insel im See übersetzen.

Fontanewanderweg Diese mit einem roten Strich gekennzeichnete Route führt über mehr als 20 km durch viele Dörfer und hübsche Landschaften beiderseits des Flüßchens. Nun wird sicher nicht jeder Besucher den Ehrgeiz entwickeln, die gesamte Strecke abzulaufen, also suche man sich ein »Wegstück« davon aus. Die Wanderung beginnt an der Landstraße von Wusterhausen nach *Brunn* (4,5 km), deren Ränder herrliche 100jährige Eichen säumen – eine der vielen schönen Baumalleen der Mark. Von Brunn erfolgt das zweite Wegstück nach *Bantikow* (4,5 km). Kurz nach der Dossebrücke liegt rechter Hand das Naturdenkmal *»Horstberg«*. In Bantikow steht ein am Anfang des Jahrhunderts im Neubarock errichtetes Herrenhaus. An Feldern, kleinen Waldstücken und Wiesen entlang gelangen wir über den alten Wirtschaftsweg dann nach *Tornow* (3,5 km). Über die Dorfstraße erreichen wir den alten Gutspark mit der kleinen, 1828 entstandenen Kirche. Weiter geht es, wieder über die träge dahinplätschernde Dosse, nach *Tramnitz* (2,0 km). Den Charakter der hiesigen Gutsanlage, die bereits im 16. Jahrhundert der Familie von Rohr gehörte, kann man noch erkennen. Einige Eichenriesen verweisen auf den Platz, den einst das Gutshaus einnahm (Mitte der 60er Jahre abgerissen). Ein mit Bäumen gesäumter Feldweg, ab der kleinen Fachwerkkirche, weist uns den Weg nach *Trieplatz* (3,4 km). Das Trieplatzer Gutshaus, ein unscheinbarer Bau, dessen interessantestes Nebengebäude der ca. 200jährige Gutsstall ist, gehört zu den Fontanestätten. Mathilde von Rohr, deren Geschlecht hier ansässig war, lieferte dem »Wanderer durch die Mark« umfassendes Material über den märkischen Adel. Der Fontanewanderweg entlang der Dosse endet in *Blankenberg*, das über den alten Postweg nach 3,5 km erreicht wird. Diese Tour, abseits des Bekannten, läßt den Alltag vergessen, eignet sich hervorragend zum Abschalten. Interesse am Detail sollte jedoch vorhanden sein, um neben der Landschaft auch noch Historisches zu entdecken.

Der Horstberg, der sich 5 m über die Dosseniederung erhebt ist ein seltenes Beispiel einer Binnendüne, die in der letzten Eiszeit aus den Sandern ausgeweht wurde.

Fontane widmete im Trieplatzer Kapitel »Der Hauptmann von Kapernaum« den von Rohrs, die hier in mehreren Dörfern herrschten, eine kleine Geschichte über die 3 Fräulein von Brunn.

Kyritzer Seenkette Wenige Kilometer parallel zur Dosseniederung verläuft die Kyritzer Seenkette, die zu den schönsten Landschaften der Prignitz zählt. Sie beginnt bei Wusterhausen und endet nach ca. 22 km bei Bork. Ausgedehnte Waldungen, flache Luchzonen, Moore, kleine Bäche und Flußläufe, verträumte Seen vermitteln Natur pur. Bewaldete Steilufer und kleine eingelagerte

Das Kyritzer Seengebiet ist eines der wenigen wasserreichen Gebiete im Nordwesten Brandenburgs und gehört zu den beliebtesten Ferienregionen der Prignitz.

Inseln kennzeichnen die Seenkette, die zum *Landschaftsschutzgebiet* erklärt wurde.

Kyritz Einen günstigen Ausgangspunkt zur Erkundung dieser Region bildet Kyritz. Ganz so abgelegen, wie der abschätzige Berliner Spruch: »Das ist ja wie in Kyritz an der Knatter« suggeriert, ist der Ort nun doch nicht, und es gibt auch keine Knatter, an der er liegen könnte. Doch wie kam es zu diesem Beinamen? Durch das Geklapper der Wassermühlen an dem Flüßchen Jäglitz, welches die Stadt durchfließt, oder aber durch die 1887 erschienene Posse »Kyritz-Pyritz«, in der dieser Scherzname vorkam. Besonders sehenswert ist das Ensemble um die *Stadtkirche St. Marien* und den *Marktplatz*. Die Zwillingstürme wurden im 19. Jahrhundert auf die gotische Hallenkirche aufgesetzt. Das *Rathaus* entstand erst 1879 in Form eines Kastells. In der Altstadt finden wir noch viele der wertvollen und meist schön restaurierten Fachwerkhäuser, besonders in der *Johann-Sebastian-Bach-Straße*. Sie geben dem Städtchen ein mittelalterliches, ja gemütliches Gepräge. In der Stadtverwaltung blinkt in einem Schaukasten ein Schwert, das *»Bassewitzschwert«*, welches durch die Bassewitzsage Bekanntheit erlangte. Kurt von Bassewitz war ein Mecklenburger Raubritter, dem es 1381 nicht gelang, die Stadt einzunehmen. 1403 versuchte er es erneut und ging dann zu einer langwierigen Belagerung über. Wie es heißt, rettete damals ein im Verlies sitzender Gefangener die Stadt. Dieser berichtete, gegen die Zusicherung seiner Freilassung, von Geräuschen, die er gehört hatte und aus denen er schloß, daß Bassewitz durch einen unterirdischen Gang in die Stadt eindringen wollte. Als dieser in der Nähe der Marienkirche aus der Erde kam, überschütteten ihn die Kyritzer Bürgerfrauen mit heißem Brei. Die Männer nahmen ihn gefangen und schlugen ihn mit seinem eigenen Schwert den Kopf ab – dem Bassewitzschwert.

Als zeitweiliges Mitglied der Hanse führte Kyritz gute Tuche und jährlich bis zum 6 000 t Bier aus, das sicher wegen seiner kräftigen Wirkung den Beinamen »Mord und Totschlag« führte.

Jährlich um den 25. Mai feiern die Kyritzer ihr »Bassewitz-Fest«, das als jahrhundertealte Tradition auf die Sage vom Ritter Bassewitz zurückgeht.

Kyritzer Umgebung Fernab vom Trubel der großen Städte oder Touristenzentren bietet die

Kyritzer Umgebung nicht nur Beschaulichkeit und Ruhe, sondern auch Bau- und Kunstdenkmale.

Entdeckungen auf eigene Faust, ohne festes Ziel, bringen Spaß und oft unverhoffte Begegnungen – trotzdem auch hier einige Empfehlungen. Da wäre beispielsweise *Demerthin*, 8 km nordwestlich von Kyritz. Dort steht eines der bedeutendsten Renaissanceschlösser Brandenburgs. Umfangreiche Restaurierungsarbeiten dienen dem Erhalt und lassen auf baldige, hoffentlich museale Nutzung, hoffen. Am *Obersee* befindet sich *Schloß Kamzow*, das klassizistische Züge trägt. Nahe der Nordspitze des *Borker Sees* liegt *Garz*. Das hier 1914–1918 erbaute Herrenhaus gehört zu den besterhaltenen Jugendstilbauten weit und breit. In der unmittelbaren Umgebung von Garz erstreckt sich das ungewöhnliche *Naturschutzgebiet »Großes Po(r)stluch«* (nach dem Sumpfporst benannt). Das zwischen Neustadt und Wusterhausen gelegene *Plänitz* besticht durch sein *Dorfensemble aus Fachwerk* – die Kirche mit Friedhofsmauer, daran anschließend ein Bauerngehöft sowie der Dorfgasthof (einst Posthalterei). Doch nun genug der Aufzählung! Der »Rest« geht auf »eigene Erfahrung«. Wir verlassen nun das »Reich der Dosse« und kehren zur Havel zurück, die wir bei Rathenow verlassen haben.

Von Kyritz oder Wusterhausen können mit dem Fahrgastschiff reizvolle Ausflüge in die Umgebung unternommen werden, u. a. bis Stolpe am Nordende des Untersees.

Der besondere Tip:

Alles Glück der Erde…
liegt auf dem Rücken der Pferde. Man könnte glauben, dieses Sprichwort habe man in Neustadt erfunden, denn dort dreht sich fast alles ums Pferd. Hier werden Pferdewirte ausgebildet und jährlich im April Sportpferde versteigert. Höhepunkt des Jahres sind jedoch die »Neustädter Pferdetage«, welche an den ersten 3 Sonntagen des Septembers stattfinden und Pferdeliebhaber aus nah und fern anziehen. Vorführungen mit Gespannen, Paraden in historischen Uniformen, Auszeichnung der edelsten Rassevertreter des Warmblutes, der Haflinger und Ponys, Reit- und Springturnier u. v. a. m. lassen diese Tage zu einem wahren Volksfest werden.

Geschäfte mit Schiffen, Wunderblut und Pferden

Havelberg und Umgebung

Anreise:
mit dem Auto *von Berlin über die B 5 bis Friesack, weiter über die Landstraße in Richtung Rhinow, weiter Richtung Strohdehne (Havelfähre) und Jederitz*
mit der Bahn *Havelberg besitzt keinen Bahnanschluß, nächstgelegene Bahnhöfe an der Strecke Berlin–Hamburg sind Glöwen (10 km bis Havelberg) und Breddin (14 km bis Havelberg, 4 km bis zur Kümmernitzer Schweiz)*

Blick zum Havelberger Dom

Auch auf ihrem letztem »Wegabschnitt« – der Strecke zwischen Dosse- und Elbeinmündung – zeigt sich die Havel, genau wie zwischen Rathenow und Dosseeinmündung, noch nahezu urwüchsig. Nicht selten »überflutet« bei reichlich Niederschlag das Wasser der vielen Haupt,- Neben- oder Altarme der Havel weite Areale und bildet dann eine einzige, fast seenartige Wasserfläche. Um den Wassermassen Einhalt zu gebieten, wurden Deiche errichtet.

Hier, in der Havelberger Region, treffen sich die Urstromtäler der Elbe und der Havel.

Havelberg Spätestens in Havelberg wird der bis dahin »ungezügelte«, weitverzweigte Havelfluß wieder »zur Ordung gerufen«. Die steilen Hänge des Höhenzuges am nordöstlichen Havelufer und die Insel, auf der sich die Altstadt von Havelberg ausdehnt, wirken wie ein Nadelöhr, durch das sich die Havel nun zwängen muß. Zudem haben die Menschen, die Uferbereiche gut befestigt. Heute gibt es für das nachdrängende Havelwasser nur wenig Chancen, über die Ufer zu treten. Aber nicht nur die »Zähmung« des Havelwassers hat die Menschen über Jahrhunderte gefordert. Durch Hochwasser in der Elbe kam es zu einem Rückstau des Elbwassers, das 10 km unterhalb von Havelberg bei Neuwerben in die Havelmündung drückte und zu weitläufigen Überschwemmungen in den Gebieten der Unteren Havel führte. Abhilfe schufen in den 30er und 40er Jahren vier Wehre und der *Gnevsdorfer Vorfluter*, die das Elbhochwasser aussperrten bzw. den Rückstaupunkt der Elbe bis nach Gnevsdorf verlagerten. Zugleich erhielt Havelberg eine kürzere Schiffahrtsverbindung zur Elbe – ein 2,5 km langer Kanal verbindet seit 1936 die Stadt mit dem zweitlängsten Fluß Deutschlands. Mit der Havelschiffahrt entwickelte sich auch eine *Schiffsbautradition*, die vermutlich bis zur zweiten Hälfte des 17. Jahrhunderts zurückreicht. Der Große Kurfürst Friedrich Wilhelm lag im Krieg mit den Schweden, die er nicht nur zu Lande bezwingen wollte. Der Bau der benötigten Schiffe war in den Werften der Ostseehäfen kaum möglich, denn die

Mit ca. 20–25 m reckt sich ein Ausläufer der »Prignitz-Ruppiner Böschung« über die Havelniederung. Dadurch wird der Weg für die Havel nach Nordwesten in Richtung Elbe unvermeidlich.

Die letzte Haveleinmündung in die Elbe befand sich vor der letzte Flußregulierung etwa 3 km westlich des Wehres Neuwerben nahe des Dorfes Quitzöbel.

In der Mark war das für den Bau der Schiffe verwendete Eichenholz 10–20 mal billiger als in Hamburg oder Holland.

Schweden beherrschten zusammen mit den Dänen dieses Meer. Von Havelberg konnten die Schiffe günstig über Havel und Elbe zur Nordsee gelangen. Allerdings galt es dabei einige Hürden zu überwinden. Die Schiffe hatten einen Tiefgang von etwa 4 m, die Havel ließ in der Regel jedoch nur 2 m zu. Das Problem lösten sogenannte »Kamele«, Hohlkörperkonstruktionen, ausgestattet mit Flutklappe und Lenzpumpen. Sie funkionierten ähnlich wie die heute in Werften eingesetzten Schwimmdocks, die das Herausheben der Schiffe aus dem Wasser und deren Transport bewerkstelligen. Die »Kamele« besaßen damals jedoch keine Steuerung und mußten deshalb vom Ufer aus mit Hilfe von Pferdegespannen an ihr Ziel gebracht werden. Im Wasser befindliche Hindernisse vereitelten aber so manches Mal ein zügiges Vorankommen, so daß oft bis zu einem Jahr verging, bevor das kuriose Wasser-Land-Gefährt in Hamburg eintraf. Das Marineministerium Brandenburgs gehörte auf Grund dieser teuren Transporttechnik zu den eifrigsten Widersacher des Havelberger Schiffsbaus, und so wechselte im Jahre 1702 die kurfürstliche Werft für 600 Reichsthaler den Besitzer. Dennoch behielt die Havelberger Werft ihren guten Ruf, der weit über die Landesgrenzen hinausreichte. Man schrieb das Jahr 1716, als Zar Peter I. von Rußland Havelberg besuchte, in diplomatischer Mission, wie es offiziell hieß. Die Legende berichtet, daß er während seines Aufenthaltes in der Stadt als einfacher Zimmermann verkleidet das Schiffsbauhandwerk gründlich und »vor Ort« studierte. Später verhalf der große Preußenkönig Friedrich II. dem von seinem Urgroßvater gewählten Schiffsbaustandort zu neuen Aufschwung. Diesmal entstanden in der *»Königlichen See-Schiffbau-Werft«* keine Kriegsschiffe, sondern verschiedene Schiffstypen für den Verkauf in Hamburg.

Weitere brandenburgische Schiffsbaustädte, in denen der Große Kurfürst seine Vision von einer eigenen Kriegsmarine verwirklichte, waren Berlin und Pillau.

Ein Dokument aus dem Jahre 1786 bezeugt u. a. den Bau von 6 Brigantinen, 3 Schimackschiffen, 4 Härings-Buisen, 2 große Schnauschiffe und 1 holländisches Kuff.

Doch sind wir der Geschichte der Stadt schon weit vorausgeeilt. Blicken wir also zunächst noch einmal zurück, zu den Anfängen von Havelberg.

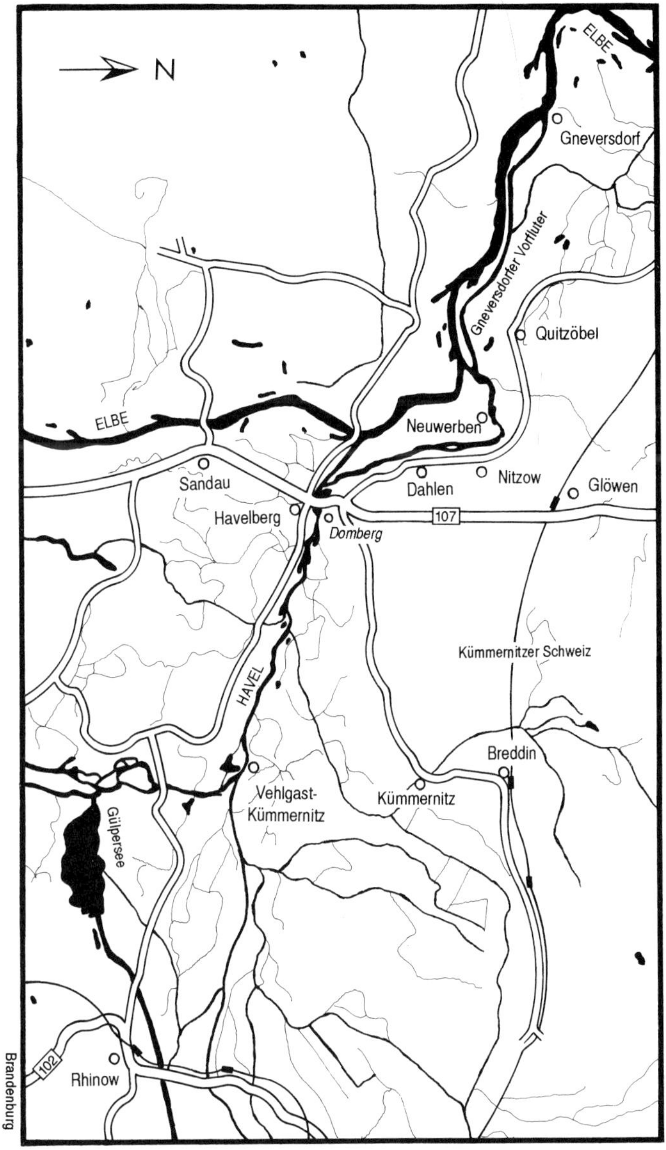
N
ELBE
Gneversdorf
Gneversdorfer Vorfluter
Quitzöbel
ELBE
Neuwerben
Sandau
Dahlen
Nitzow
Glöwen
Havelberg
Domberg
107
Kümmernitzer Schweiz
HAVEL
Breddin
Vehlgast-
Kümmernitz
Kümmernitz
Gülpersee
102
Rhinow
Brandenburg

Es wird vermutet, daß bereits mit der Gründung des Bistums im Jahre 948 ein Vorgängerbau des Doms entstand, welcher aber während des Slawenaufstands zerstört wurde.

»...Der alte gotische Dom, der aus Ziegelsteinen sehr hoch gebaut ist, macht einen hohen Eindruck und die ungemeinen Krümmungen der Havel erhöhen das Wunderliche der Gegend um Vieles.« schrieb 1813 Theodor Körner beeindruckt.

Vermutlich stellte der Ort bereits zur Zeit der Slawen ein kleines, wichtiges Zentrum dar. Mit dem Vordringen der Deutschen in die östlichen Gebiete der Elbe wurde auch Havelberg kurz nach der Schlacht von Lenzen (929) eingenommen. 948 gründete Kaiser Otto I. das Bistum Havelberg. Aber die hier ansässigen Slawen gaben sich nicht geschlagen, im Jahre 983 eroberten sie den deutschen »Vorposten« zurück. Erst 164 Jahre später gelang es den deutschen »Kolonisatoren in Mönchskutten« endgültig, Havelberg in Besitz zu nehmen. Der hoch über die Stadt ragende *Dom St. Marien*, 1170 geweiht, ist ein zu Stein gewordenes Zeugnis der Christianisierung des Havellandes. Obwohl die dreischiffige Pfeilerbasilika nach einem Brand 1279 gotisch umgebaut wurde, zählt der einstige Dom der Kirchenfürsten des Deutschen Reiches zurecht zu den bedeutendsten Sehenswürdigkeiten der Straße der Romanik Sachsen-Anhalts. Seine romanische Herkunft läßt sich nicht leugnen wie beispielsweise das mächtige Westwerk des Doms schon äußerlich beindruckend beweist. Die Wehrhaftigkeit dieses 30 m breiten, 47,5 m hohen, aber nur 6 m tiefen Turms war gewollt, bot er doch dem Bischof und seinen Gefolgsleuten in den »kriegerischen« Anfangszeiten eine sichere Zuflucht – der Slawenaufstand von 983 sollte noch lange nicht vergessen sein. Doch auch im Inneren ist der romanische Baustil noch erkennbar, u. a. an den kreuzförmigen Arkadenpfeilern des Mittelschiffes. Ebenso deuten die romanischen Obergadenfenster in den Seitenschiffen auf die Erbauungszeit hin. Dagegen weist das an der östlichen Chorseite angebrachte *Chorgestühl* auf die gotische Umgestaltung hin. Die Eselsköpfe mit den äußerst auffallenden Ohren wirken fast belustigend – sind vermutlich eine versteckte, spielerische Kritik an den mühseligen Stundengebeten, die man hier über sich ergehen lassen mußte. Das sich westlich anschließende, später barock veränderte Chorgestühl zieren in den Wangen Schnitzereien mit Fabelwesen und Weinlaub. Weitere baukünstlerische Akzente setzte der Bischof Johann von Wöpelitz um 1400. Er ließ einen *Sandsteinlettner* und eine *Chorschranke* mit reichem plastischen Schmuck und einer hohen Maßwerkbrüstung errichten. Die Relieffelder erzählen in wunderbar plastischer Bildsprache die Passionsgeschichte, die Auferstehung Christi und das Weltgericht. Die Idee für den Lettner hatte der Bischof wahrscheinlich aus Paris mitgebracht, wo er als Student die Kunstwerke der französischen Kathedralen bewundern konnte. Das Geld für derartige Kostspieligkeiten »erwirtschafteten« die Kirchenmänner u. a. durch den Wunderblutschwindel in der *Wilsnacker Kirche*, die zu einem Wallfahrtsort und zu einer einträglichen Einnahmequelle geworden war. Glasmalereien an den Fenstern im nördlichen Seitenschiff zeigen Szenen aus dem Leben Jesu. Während der Dom Jahrhunderte überdauerte und heute umfassende Einblikke in die Anfänge der havelländischen Kulturgeschichte gewährt, existiert das Domkapitel seit 1819 nicht mehr. Der Nachlaß liegt in Händen eines staatlichen Domänenrentamtes. Dazu zählen die Stiftgebäude der Prämonstratensermönche – das *Konventsgebäude* südlich des Doms, eines der ältesten Backsteinhäuser des Havellandes, die frühere *Domschule* westlich des Doms und nördlich die *Dompropstei*. Einst umgab den Dombezirk auch noch eine Mauer – einige Reste am *Prälatenweg* und an der *Lindenstraße* bezeugen es.

In den Ruinen seiner gebrandschatzten Kirche fand der Wilsnacker Pfarrer angeblich mehrere »blutende« Hostien. Gegen die schamlose Ausnutzung der gutgläubigen Wallfahrer wandten sich u. a. M. Luther und J. Hus.

Im oberen Stockwerk des West- und Südflügels des Konventsgebäudes hat bereits 1904 ein Museum seinen Platz gefunden – das sogenannte *»Prignitz-Museum«* gibt Auskunft über die Geschichte und Kultur der nördlich von Havelberg beginnenden Region Brandenburgs. Die enge Bindung Havelbergs, heute im Bundesland Sachsen Anhalt gelegen, ergab sich durch die Zuständigkeit des Domkapitels für die Missionierung der Slawen in der Prignitz und darüber hinaus in Teilen des Ruppiner Landes bis in das Gebiet von Neustrelitz.

Auch die wechselnde Kunstausstellungen im Prignitz-Museum erfreut sich einer großen Resonanz.

Auch administrativ waren die Stadt und der nordwestliche Teil Brandenburgs lange Zeit vereint, als Kreis Westprignitz. Im Museum sind u. a. Teile des 1899 entdeckten, aufsehenerregenden Schatzes aus dem Königsgrab von Seddin sowie bronzezeitliche Funde aus der Umgebung Havelbergs zu sehen. Eine weitere Attraktion bildet der 1951 bei Quitzöbel geborgene Eichbaum, ein bis in das 19. Jahrhundert auf der Havel gebräuchliches Transportmittel. In der stadtgeschichtlichen Abteilung rükken vor allem die Entwicklung des Domkapitels und die Geschichte der Havelstadt in den Mittelpunkt. Ein fünfzehnteiliger Holzschnitt zeigt ausführlich die Wilsnacker Wunderblutlegende.

Zu den sehenswerten Profanbauten der Stadt gehören auch einige Fachwerkhäuser mit z. T. verziertem Gebälk und eingeschnitzten Sprüchen in der Stein-, Fischer- und Langen Straße.

Dombezirk und Stadt gingen über Jahrhunderte eigene Wege, feste administrative Bande knüpfte man erst im Jahre 1876. Trotzdem gab es seit den frühesten Tagen der Stadtgeschichte eine feste Verbindung – so wurden alljährlich zu besonderen kirchlichen Feiertagen in Havelberg Marktage abgehalten. Die Tradition des wohl bekanntesten von ihnen, des Großen Marktes, reicht vermutlich bis zur Domweihe am 16. 8. 1170 zurück. Eine andere Version geht davon aus, daß der Bischof von Wöpelitz ihn am Tag Mariä Geburt, also am 8. 9., aus der »Taufe« heben ließ. Vor allem die hier im großen Umfang gehandelten Pferde machten ihn als *»Havelberger Pferdemarkt«* weit über die Grenzen der Prignitz bekannt. Überall in den Straßen rund um den Markt stellte man die stattlichen Vierbeiner »zur Schau«, schwere Bauernpferde oder edle Vertreter ihrer Rassen. Vorher – Ordnung muß sein – erfolgte jedoch eine tierärztliche Untersuchung in der Scabellstraße. Und dort, wo große Geschäfte gewittert werden, lassen »Trittbrettfahrer« nicht lange auf sich warten. Fliegende Händler, Kleinverkäufer und Schausteller wollten natürlich auch ein Stück des »Kuchens«, verwandelten die Straßen der Altstadt zum Basar, selbst in den Hausfluren brachte man die Waren »an den Mann«. Karusells und Schaubuden bestimmten das Terrain an der

In der Vergangenheit kündigte der sogenannte »Schweinetreiberheiligabend« – am Tag zuvor – den Havelberger Pferdemarkt an. Ein Hinweis darauf, daß nicht nur mit Pferden gehandelt wurde.

Pferdekoppel in der Havelberger Umgebung

Lehmkuhle am östlichen Havelufer. Ab 1963 verlagerte sich der Mittelpunkt des populären Volksfestes auf die andere Seite der Havel, zum *Mühlenholz*. Wie sich der »Havelberger Pferdemarkt«, der zu DDR-Zeiten immerhin bis zu 100 000 Besucher anzog, entwickeln wird, bleibt abzuwarten. Insgesamt ist jedoch das Leben in den kleinen Gassen der Altstadt in den letzten Jahren wieder bunter und geschäftiger geworden. Wer sich nach der Besichtigung des Doms und dem Bummel durch die Stadt nach einer »Stärkung« sehnt, kann im *Ratskeller am Markt* u. a. köstliche regionaltypische Fischgerichte probieren. Umgeben von schönen Wandmalereien schmeckt es gleich noch mal so gut. Frisch gestärkt empfiehlt sich noch eine kurze »Stippvisite« im *Heimat-Naturmuseum* in der Sandauer Straße 1, das auch über das 5 800 ha große Natur-

Heute finden in jedem Jahr anläßlich des »Havelberger Pferdemarktes« auch Sport-, Kultur- und Tanzveranstaltungen statt.

Im Heimat-Naturmuseum ist die aus China stammende Wollhand-Krabbe zu sehen, die 1912 nach Europa eingeschleppt und ab 1927 in der Havel heimisch wurde. Da sie in den 30er Jahren schon fast zu einer Plage geworden war, verarbeitete man sie zu Tierfutter – im Jahr 1940 gingen noch 8 Millionen Exemplare (88 t) ins Netz.

schutzgebiet »Untere Havel – Sachsen Anhalt« informiert.

Havelberger Umgebung Westlich der Stadt führen zahlreiche Wanderwege durch die reizvolle *Kümmernitzer Schweiz*. Ein beliebter Zielpunkt ist der 5 m hohe *Wasserfall am Königsfließ* und das nur etwa 100 m davon entfernte Café.

In *Vehlgast*, einem Ortsteil der 1972 gebildeten Gemeinde Vehlgast-Kümmernitz, prägen die Havel und ihre Nebenarme wieder die Landschaft. In der fast unberührten Natur dieses Feuchtgebietes leben noch seltene Tierarten wie Biber, Seeadler, Kronenkraniche, Eisvögel und Kormorane. Auffallende Kontraste erleben wir vor allem flußabwärts, kurz bevor die Havel in die Elbe einmündet. Ein etwa 2 km langer *Havelsteilhang zwischen Dahlen und Nitzow* erreicht für das Brandenburger Land beeindruckende Höhen, ein Naturlehrpfad am Havelufer lädt zum Wandern oder Radfahren ein. Ab Nitzow können wir die Havel aber auch per Ausflugsschiff auf ihren letzten Kilometern begleiten, bevor am *Neuwerbener Wehr* das Havelwasser endgültig zu Elbwasser wird.

Betrachtet man den Lauf der Havel in der Luftlinie, so hat sie sich von ihrem Ursprung in Mecklenburg bis zur Mündung in den Elbestrom in Sachsen-Anhalt nur etwa 80 km von ihrer Quelle entfernt, doch durch ihre unzähligen Windungen legt sie ein Vierfaches dieses Weges zurück.

Der besondere Tip:

Musikalische Klänge im Dom
Steigenden Zustroms erfreuen sich seit Jahren die Musikveranstaltungen im Dom. 1983 war das Geburtsjahr des »Havelberger Musiksommers«, der seitdem von Mai bis September zweimal wöchentlich zu Konzerten einlädt. Im Dom selbst oder im Klosterhof werden in der schönsten Zeit des Jahres Chor- und Kammermusik sowie Orgelkonzerte zu Gehör gebracht. Nähere Auskünfte sind telefonisch unter (03 93 87) 397 erhältlich.

Informationen und Ratschläge für unterwegs

Blick auf Zehdenick

Hinweis: Durch den Ausbau des Telefonnetzes ist in Zukunft mit Veränderungen einiger Telefonnummern zu rechnen.

Wichtige Informationen, die man für einen gelungenen Ausflug braucht, erteilen die Fremdenverkehrsverbände und -ämter sowie Stadtinformationen.

Übergeordnete regionale Fremdenverkehrsverbände:

Regionaler Fremdenverkehrsverband Potsdam-Mittelmark e. V.,
14467 Potsdam, Dortustr. 18,
☎ (03 31) 2 31 90

Regionaler Fremdenverkehrsverband Brandenburg-Nord e. V.,
16909 Wittstock, Meyenburger Chaussee 6, ☎ (0 33 94) 52 70

Die wichtigsten örtlichen Fremdenverkehrsverbände und Stadtinformationen:

Zu Kapitel 1: An der Wiege der Havel

17219 **Möllenhagen** Fremdenverkehrsamt, Chaussee 4a,
☎ (03 99 21) 2 02 – gibt auch Auskunft über Ankershagen und Müritz-Nationalpark

17235 **Neustrelitz** Informations- und Fremdenverkehrsamt, Markt 1, ☎ (0 39 81) 49 21

Zu Kapitel 2: »Willkommen in Brandenburg«

16798 **Fürstenberg** Touristikverband Kreis »Oberhavel« e. V., Am Bahnhof, ☎ (03 30 93) 22 54

Zu Kapitel 3: Die Schnelle Havel

16792 **Zehdenick** Fremdenverkehrsbüro Zehdenick, Schleusenstraße 15, ☎ (0 33 07) 28 77

16559 **Liebenwalde** Stadtverwaltung Liebenwalde, Am Markt, ☎ (03 33 97) 3 15

16515 **Oranienburg** Stadtverwaltung Oranienburg, Abteilung Kultur, Straße des Friedens 92 ☎ (0 33 01) 50 71

Zu Kapitel 4: Havel auf »Abwegen«

16225 **Eberswalde** Eberswalder Fremdenverkehrsinformation, Pavillon am Markt, ☎ (0 33 34) 2 31 68

Zu Kapitel 5: »Gebändigte Wasser und Inseln«

16835 **Lindow** Verkehrsverein »Stadt zwischen 3 Seen« e. V., Straße des Friedens 33, ☎ (03 39 33) 7 09 20

16816 **Neuruppin** Fremdenverkehrsamt Stadt Neuruppin und Verkehrsverein »Ruppiner Land« e. V., August-Bebel-Str. 15, ☎ (0 33 91) 23 45

Zu Kapitel 6: Eine Abkürzung

14641 **Nauen** Tourist-Information, Goethestr. 59/60, ☎ (0 33 21) 40 31 08

14662 **Senzke** Fremdenverkehrsverband »Havelländisches Luch« e. V., Dorfstr. 5, ☎ (03 32 38) 2 05

Zu Kapitel 7: »Das Hauptstadtgesicht der Havel«

10623 **Berlin** Verkehrsamt Berlin, Informationszentrum, Hardenbergstr. 20, ☎ (0 30) 2 12 34;

ADFC, 10627 Berlin, Schillerstr. 70, ☎ (0 30) 3 13 45 31

Zu Kapitel 8: »Die Kronjuwelen des Havellandes – die Residenzlandschaft Potsdam«

14467 **Potsdam**
Potsdam-Information und Fremdenverkehrsverband Potsdam e. V, Friedrich-Ebert-Str. 5,
☎ (03 31) 2 11 00 oder 2 33 85;
Kartenservice, Brandenburger Str. 18, ☎ (03 31) 2 30 38;
Auskunft und Besucherbetreuung der Stiftung Schlösser und Gärten Potsdam-Sanssouci,
Postfach 60 14 62,
☎ (0 30) 9 69 42 00 o. 9 69 42 01

14548 **Caputh** Fremdenverkehrsverein »Schwielowsee« e. V., Lindenstr. 56, ☎ (03 32 09) 7 08 86

14476 **Töplitz** Büro für Tourismus, Dorfstr. 68, ☎ (03 32 02) 4 35

14542 **Werder** Tourismusbüro, Kirchstr. 6/7, ☎ (0 33 27) 5 60 67 73

Zu Kapitel 10: Kleinod der märkischen Backsteinarchitektur

14797 **Lehnin** Information und Zimmervermittlung, Friedensstr. 3, ☎ (0 33 82) 7 30 70

Zu Kapitel 11: Die Geburtsstätte der Mark Brandenburg

14770 **Brandenburg** Brandenburg-Information, Plauer Str. 4, ☎ (0 33 81) 2 37 43

Zu Kapitel 12: Im Zweistromland Elb-Havel-Winkel

39307 **Genthin** Tourist-Information-Genthin, Bahnhofstr. 8, ☎ (0 39 33) 36 44

39319 **Jerichow** Stadtverwaltung, Karl-Liebknecht-Str. 10, ☎ (03 93 43) 2 85

Zu Kapitel 13: Havelländische Husaren, Dichter und Flieger

14715 **Nennhausen** Amt Nennhausen, Fouquéplatz 3, ☎ (03 38 78) 40 31 08

14712 **Rathenow** Fremdenverkehrsverein »Westhavelland« e. V., Schleusenplatz 4, ☎ (0 33 85) 23 36

14728 **Stölln** Fremdenverkehrsverband »Ländchen Rhinow« , Otto-Lilienthal-Str. 46, ☎ (03 38 75) 2 75

Zu Kapitel 14: Die kleine Schwester der Havel

16845 **Neustadt/Dosse** Stadtverwaltung, Karl-Marx-Str. 100, ☎ (03 39 70) 4 41

16866 **Kyritz** Kyritz-Information, Bahnhofstr. 5, ☎ (03 39 71) 23 31

Zu Kapitel 15: Geschäfte mit Schiffen, Wunderblut und Pferden

39539 **Havelberg** Tourist-Information der Stadtverwaltung Havelberg, Salzmarkt 1, ☎ (03 93 87) 2 24 oder 2 25

Angeln

Die meisten der Havelgewässer sind sehr fischreich. Angeln kann man in den Flußarmen, Kanälen und Seen. Hier fängt man vorrangig Plötze, Barsch, und Karpfen manchmal aber auch Aal, Zander, Hecht und Wels. Auskunft zum Erwerb von Tages,- Wochen- und Monatsangelberechtigungen geben die örtlichen Fremdenverkehrsvereine bzw. Stadtinformationen.

Baden

An den Havelseen befinden sich zahlreiche Badestellen. Doch leider ist die Wasserqualität nahezu aller Havelseen nur noch befriedigend. Gut ausgebaute Freibadeanstalten mit Versorgungseinrichtungen, Spiel- und Sportplätzen sind nur selten, diese gibt es vor allem an den Berliner und vereinzelt an den Potsdamer Seen.

Moderne Hallenbäder mit Sauna stehen in den größeren Städten wie Potsdam, Brandenburg, Eberswalde und im Freizeitzentrum »Fit Point« in Premnitz zur Verfügung.

Camping

An den Havelseen liegen viele Campingplätze. Gegenwärtig unterscheiden sie sich im Ausstattungsgrad jedoch noch sehr erheblich. Zu den gut ausgestatteten zählen u. a. der Campingplatz am Breitlingsee-Malge bei Brandenburg, an der Havel-Ketzin, am Templiner See – Potsdam-Gaisberg und am Glienicksee – Dobbrikow. Besonders zu beachten ist, daß nicht alle Plätze Raum für Motorcaravan oder die notwendigen Stromanschlüsse für Campinganhänger besitzen. Auch in diesem Fall kann man über Fremdenverkehrsverbände nähere Auskünfte erhalten. Einen Gesamtüberblick über Lage, Ausstattung und Besonderheiten der Campingplätze in Deutschland bietet der ADAC-Campingführer (Band 2,) der in einer jährlich aktualisierten Auflage erscheint und in allen ADAC-Geschäftsstellen erhältlich ist. Der Deutsche Camping-Club (DCC) in 80802 München, Mandlstr. 28, ☎ (0 89) 33 40 21 veröffentlicht ebenfalls einen Campingführer.

Fahrgastschiffahrt

Ein überaus vielfältiges Angebot für Ausflüge mit dem Fahrgastschiff offerieren die Stern- und Kreisschiffahrt in Berlin und die Weiße Flotte in Potsdam. Neben Rund,- Tages- und Mehrtagesfahrten (u. a. von Potsdam nach Neuruppin oder Hamburg) stehen romantische Mondscheinfahrten mit Tanz und thematische Erlebnisfahrten wie »Zur Petzower Schloßmusik«, »Auf den Spuren Fontanes« oder die »Schloßrundfahrt« zur Auswahl.

Ebenso ermöglichen einige kleine Reedereien bzw. Schiffahrtsgesellschaften Ausflüge auf den Havelgewässern: Ketzin: Personenschiffahrt W. Herzog, An der Havel 8; Rathenow: Reederei Bolz, W.-v.-Leibnitz-Str. 12; Brandenburg: Preußische Schiffahrtsgesellschaft, Leipziger Str. 62–64; Neuruppin: Fahrgastschiffahrt, Seeufer 9.

Filmstadt Babelsberg

Heute sind Teile des einst größten europäischen Filmstudios als Erlebnispark öffentlich zugängig. Unter dem Motto »Film & TV-Erlebnis« kann man sich zwischen »nostalgischen Filmkulissen« den Träumen hingeben oder sich über die Arbeit im Filmstudio informieren.

Filmstadt Babelsberg, August-Bebel-Str. 26–53 (Eingang Großbeerenstraße), ☎ (03 31) 9 65 27 50, geöffnet: März–Okt. 10–18 Uhr, Nov.–Febr. 10–16 Uhr

Flugsport

Die Erkenntnis, daß das Erlebnis, eine Landschaft hoch oben aus den Lüften zu betrachten, besonders groß ist, hat sich immer mehr durchgesetzt. So gibt es auch im Havelland und den angrenzenden Gebieten dafür mehrere Gelegenheiten. Rundflüge bieten u. a. die Flug-GmbH Albatros, Saarmund bei Potsdam, ☎ (01 61) 1 30 98 13, der Fliegerclub »Otto Lilienthal« in Rathenow in der Gebhardstr.

11, die Flugschule »Helm« in Sebelang/Ortsteil Lindholzfarm, der »Brandenburger Flugdienst« in Eberswalde-Flugplatz Finow und der Flugsportverein »Otto Lilienthal« e. V. beim Segelflugplatz Stölln, Otto-Lilienthal-Str. 46. Bei letzterem wird außerdem Segel- und Drachenfliegen geschult. Zu Ballonfahrten lädt der »Ballonsportclub Havelland« in Wagenitz (über Hotel Karlsaue) ein.

Küche

Eine typisch märkische Küche, die auf besondere Bräuche oder vorwiegend nur hier genutzte Zutaten zurückgeht, gibt es nicht. Viele der hiesigen Speisen sind auch in anderen Landstrichen bekannt.

Jahrhundertelang hat die Mark Flüchtlinge und Zuwanderer – französische Hugenotten, galizische Juden, Siedler aus Holland, der Schweiz und Böhmen sowie anderen Landesteilen Deutschlands – aufgenommen, die mit ihren Sitten und Gebräuchen auch ihre eigene »Kochkunst«, ihre »heimatlichen Spezialitäten« mitbrachten. So kommt es, daß das, was wir märkische oder brandenburgische Küche nennen, zwar keineswegs bodenständig ist, sich aber durch eine besondere Vielfalt auszeichnet. Durch Kombinationen wurden Rezepte abgewandelt, erhielten eine andere »Note«.

An der Havel spielen naturgemäß Fischgerichte eine große Rolle, wobei Gerichte wie Havelaal grün, Aal in Aspik oder gebratener Havelzander besondere Gaumenfreuden sind. Ansonsten haben Restaurants und Hotels die gegenwärtig in Deutschland üblichen Speisen im Angebot. In den kleinen Dorfgaststätten steht oftmals die einfache deftige Hausmannskost im Vordergrund.

Museen (Auswahl)

Museen zwischen Havelquellgebiet und Wesenberg (Kapitel 1):

Ankershagen, Heinrich-Schliemann-Museum (Leben und Wirken des Archäologen), Dorfstr. 34, ☎ (03 99 21) 2 52, geöffnet: Mai–Sept. Di–So 10–17 Uhr, Okt.–April Di–Fr 10–16 Uhr, Sa und So 13–16 Uhr

Neustrelitz, Stadtmuseum (Geschichte und Entwicklung der Stadt), Gutenbergstr. 3, ☎ (0 39 81) 49 21, geöffnet: Di–Fr 10–12, 14–17, So 14–17 Uhr

Museen zwischen Großmenow und Burgwall (Kapitel 2):

Fürstenberg, Heimatstube (Stadtgeschichte, Geschichte der Schifferzunft und Glashütten, Wechselausstellungen), Fritz-Reuter-Str. 2, ☎ (03 30 93) 25 29, geöffnet: Mai–Okt. Di und Do 9–11, 14–17 Uhr;

Mahn- und Gedenkstätte **Ravensbrück**, am Ostufer des Schwedtsees, Straße der Nationen, ☎ (03 30 93) 20 03, geöffnet: Mai–Sept. Di–So 8–18 Uhr, Okt.–April 8–17 Uhr

Museen zwischen Zehdenick und Oranienburg (Kapitel 3):

Zehdenick, Galerie im Kloster (wechselnde Ausstellungen), geöffnet: Mi–Fr 12–16 Uhr, So 14–16 Uhr

Kappe, Heimatmuseum (Sammlung verschiedenster Hausgerätschaften und Gegenstände), Dorfstraße, ☎ (0 33 07) 8 21 oder 8 26; Nach Absprache

Oranienburg, Kreismuseum (Regional- und Stadtgeschichte, Ausstellung zum Kunsthandwerk des 17. und 18. Jahrhunderts sowie zu Leben und Wirken des Chemikers Friedlieb Ferdinand Runge), Breite Straße 1, ☎ (0 33 01) 38 63, geöffnet: Di–Sa 10–16 Uhr, So 13–16 Uhr;

Mahn- und Gedenkstätte **Sachsenhausen**, ☎ (0 33 01) 80 37 15–16, 35 16–17, geöffnet: April–Sept. Di–So 8–18 Uhr, Okt.–März Di–So 8–16.30 Uhr

Museen im Eberswalder Urstromtal (Kapitel 4):

Eberswalde, Stadt- und Kreismuseum (Regional- und Stadtgeschichte sowie wechselnde Ausstellungen), Kirchstr. 8, ☎ (0 33 34) 21 23 25 geöffnet: Di–Fr 8–12, 14–17, So 14–17 Uhr;
Forstbotanischer Garten, Am Zainhammer, geöffnet: April–Okt. tägl. 9–18 Uhr, Nov.–März tägl. 9–15.30 Uhr; Ständige Ausstellung »Insekten: Faszination in Natur, Sammlung und Buchkunst« im Deutschen Entomologischen Institut, Schicklerstr. 5, ☎ (0 33 34) 2 29 36, geöffnet: Mi 14–18 Uhr oder Führungen von Gruppen nach vorheriger Absprache;
Museum in der Alten Forstakademie (Geschichte der forstlichen Lehre und Forschung in Eberswalde), Schlickerstr. 3, ☎ (0 33 34) 6 50, gegenwärtig Rekonstruktion; Sammlung zur »Luftfahrt im Land Brandenburg«, Flugplatz Finowfurt, ☎ (0 33 35) 72 33, geöffnet: Do–So 10–17 Uhr

Museen zwischen Schwanter Forst und Neuruppin (Kapitel 5):

Brunne, »Kunstscheune« (wechselnde Ausstellungen), Dorfstr. 30, geöffnet: Sa/So 11–20 Uhr

Lindow, »Schau mal rein« (Heimatkundliche Sammlungen), Seestr. 8, geöffnet: Mi 16–18 Uhr

Neuruppin, Heimatmuseum (Stadtgeschichte, Exposition des

»Neuruppiner Bilderbogens« sowie Gedenkausstellung für K. F. Schinkel und Th. Fontane), August-Bebel-Str. 14/15, ☎ (0 33 91) 33 08, geöffnet: Di–Fr 10–17, Sa/So 10–16 Uhr

Vehlefanz, Bockwindmühle (kleine Ausstellung zur Geschichte der Windmühlen), geöffnet: Mai–Sept. Mi 10–12, 14–17 Uhr, Sa und So 13–16 Uhr

Museen zwischen Nauen und Havelländischem Kanal (Kapitel 6):

Buschow, Jagdmuseum Soechting (in Europa einmalige Sammlung von etwa 3600 Jagdtrophäen) Kolonie 15, ☎ (0 33 21) 3 30 10, geöffnet: nach Vereinbarung

Friesack, Stadtmuseum, zur Zeit im Aufbau

Nauen, Museum der Stadt Nauen (Stadtgeschichte sowie Sammlung haushandwerklicher und landwirtschaftlicher Geräte) Rathausplatz 2, ☎ (0 33 21) 3 30 10, geöffnet: Mi–So 13.30–16 Uhr

Museen im Gebiet der Berliner Havel (Kapitel 7):

Düppel, Museumsdorf (Freilichtmuseum mit lebensnaher Rekonstruktion des mittelalterlichen Lebens), Clauertstr. 11, ☎ (0 30) 8 02 66 71, April–Okt. So 10–17 Uhr, ganzjährig nach Anmeldung

Grunewald, Jagdschloß, Am Grunewaldsee, ☎ (0 30) 8 13 35 97, geöffnet: Di–So 10–13, 13.30–17 Uhr

Pfaueninsel, Schloß, ☎ (0 30) 8 05 30 42, geöffnet: April–Okt. Di–So 10–16 Uhr, März–Nov. geschlossen

Spandau, Heimatgeschichtliches Museum (Austellung zur Zitadelle und Geschichte Spandaus), Am Juliusturm der Spandauer Zitadelle, ☎ (0 30) 3 39 11, geöffnet: Di–Fr 9–17 Uhr, Sa und So 10–17 Uhr
Wannsee, Gedenkstätte Haus der Wannsee-Konferenz (Die Ausstellung erinnert daran, daß hier im Jahre 1942 die »Endlösung der Judenfrage« beschlossen wurde.), Am Großen Wannsee 56–58, ☎ (0 30) 8 05 00 1–0, Besichtigung nach Voranmeldung

Museen in Potsdam (Kapitel 8):

Filmmuseum/Marstall, Am Alten Markt, ☎ (03 31) 2 36 75, geöffnet: Di–So 10–17 Uhr, Mi bis 19 Uhr

Potsdam-Museum (Bereich Natur/Umwelt: Breite Str. 13, Bereich Geschichte: Puschkinallee 7, Sonderausstellungen »Hiller-Brandtsche-Häuser«: Breite Str. 8–12)

☎ (03 31) 2 31 82 oder 2 37 82, geöffnet: Di–So 9–17 Uhr

Pumpenhaus/Moschee, Breite Str. 58, ☎ (03 31) 9 69 42 48, geöffnet: Mai–Sept. Mi–So 9–17 Uhr, Okt.–April Sa und So 9–16 Uhr

Schlösser, allgemeine Öffnungszeiten: April–Sept. 9–17 Uhr, Okt., Febr., März 9–16 Uhr, Nov.–Jan. 9–15 Uhr

Schloß Sanssouci (Park Sanssouci/Lustgarten): jeden 1. und 3. Montag im Monat geschlossen

Neue Kammern (Park Sanssouci/Lustgarten): freitags geschlossen

Bildergalerie (Park Sanssouci/Lustgarten): jeden 4. Mittwoch im Monat geschlossen, zur Zeit wegen Restaurierung geschlossen

Neues Palais (Park Sanssouci/Rehgarten): jeden 2. und 4. Montag im Monat geschlossen

Chinesisches Teehaus (Park Sanssouci/Rehgarten): nur Mai–Okt. geöffnet, jeden 2. Montag im Monat geschlossen

Orangerieschloß mit Aussichtsturm (Park Sanssouci/Rehgarten): nur Mai–Okt. geöffnet, jeden 4. Montag geschlossen

Schloß Charlottenhof (Park Sanssouci/Rehgarten): nur Mai–Okt. geöffnet, jeden 4. Montag im Monat geschlossen

Römische Bäder (Park Sanssouci/Rehgarten): nur Mai–Okt. geöffnet, jeden 3. Montag im Monat geschlossen

Schloß Cecilienhof (Neuer Garten): jeden 2. und 4. Montag im Monat geöffnet

Schloß Babelsberg mit Brandenburgischem Landesmuseum für Ur- und Frühgeschichte (Park Babelsberg): montags geschlossen

Jagdschloß Stern (Jagdhausstr. 32): nur Sa und So Mai–Okt geöffnet

Museen zwischen Potsdam und Brandenburg (Kapitel 9):

Caputh, Einsteinhaus, Waldstr. 7, Besichtigung nach Vereinbarung über Urania Potsdam, ☎ (03 31) 2 17 41

Geltow, Handweberei-Museum, Am Wasser 19, ☎ (0 33 27) 5 52 72, geöffnet: Di–So 11–17 Uhr

Glindow, Märkisches Ziegelei Museum (alte Ringofenanlage aus dem vorigen Jahrhundert, noch in Betrieb), Alpenstr. 47, ☎ (03327) 2661, geöffnet: Mi–So 10–16 Uhr; Zweiradmuseum (Exposition historischer Fahrrad- und Motorräder), Chausseestraße, ☎ (0 33 27) 4 01 67, geöffnet: April–Okt. Mi 13-17 Uhr, Sa/So

10–12, 13–17 Uhr, Sonderführungen nach Vereinbarung

Ketzin, Heimatmuseum (Austellungen zu Geschichte, Handwerk und Gewerbe in Ketzin), Ernst-Thälmann-Straße 32, ☎ (03 32 33) 5 43, geöffnet: Di 15-17.30 Uhr, Sa 10–12 Uhr

Werder, Obstbau-Museum (Geschichte des märkischen Obst- und Weinanbaus und dazugehörigen Gewerken wie Böttcherei, Korbflechterei), ☎ (0 33 27) 23 31, geöffnet: April–Okt. Mi, Sa, So 9–17 Uhr, im Winter nach Vereinbarung

Museen in Lehnin und Umgebung (Kapitel 10):

Kloster Lehnin mit kleiner Ausstellung zur Klostergeschichte, Besichtigung nach Anmeldung, Auskunft über Luise-Henriette-Stift, ☎ (0 33 82) 4 31

Golzow, Haus der Bauern (Historische Sammlung landwirtschaftlicher Geräte), Dorfstraße, ☎ (03 38 35) 2 92, geöffnet: Di 13–16 Uhr oder nach Anmeldung

Museen in Brandenburg und Umgebung (Kapitel 11):

Brandenburg, Dommuseum des Domstiftes (Geschichte des Bistums Brandenburg u.a. mit Sammlungen sakraler Plastiken, Urkunden und Siegel, Handschriften, Inkunabeln sowie Bücher aus fünf Jahrhunderten), Burghof 11, ☎ (0 33 81) 2 43 90, Öffnungs- und Führungszeiten: Di–Do und Sa 10.30 und 14.30 Uhr, So nur 14.30 Uhr; Museum im Frey-Haus (Exposition zur Kulurgeschichte Brandenburgs), Hauptstr. 96, ☎ (0 33 81) 52 20 48, geöffnet: Mi–Fr 9–17 Uhr, Sa und So 10–17 Uhr

Reckahn, Schulmuseum und Gedenkstätte »F. E. v. Rochow« (Ausstellung zu Leben und Wirken von F. E. v. Rochow und zur Schulgeschichte u. a. mit Klassenraum aus der Zeit um 1900 und historischen Schulutensilien), Dorfstr. 23, ☎ (03 38 35) 4 00 02, geöffnet: Di–Fr 9-16 Uhr, Sa und So 14–16 Uhr

Museen im Elb-Havel-Winkel (Kapitel 12):

Genthin, Kreisheimatmuseum (Geschichte und Entwicklung des Elb-Havel-Winkels), Mützelstr. 22, ☎ (0 39 33) 5 92 96, geöffnet: Di–Fr 8–12 und 14–17 Uhr, So 10–12 Uhr

Kloster Jerichow mit Museum zur Baugeschichte, ☎ (03 93 43) 2 85, geöffnet: April–Okt. Di–So 10–17 Uhr, Nov.–März Di–Fr 10–12, 13–17 Uhr

Museen zwischen Rathenow und Ländchen Rhinow (Kapitel 13):

Rathenow, Kreismuseum (Geschichte der optischen Industrie sowie wechselnde Austellungen), Rhinower Str. 19d,
☎ (0 33 85) 26 81, geöffnet:
Di–Do 9–17Uhr,
So 13.30–16.30 Uhr

Stölln, IL 62 »Lady Agnes« mit Gedenkstätte für »Otto Lilienthal« (kleine Exposition zu Leben und Verdiensten des Flugpioniers), Segelflugplatz,
☎ (03 38 75) 2 75,
Besichtigung nach Vereinbarung

Museen zwischen Neustadt/Dosse und Kyritz (Kapitel 14):

Wusterhausen, Heimatmuseum (Stadtgeschichte sowie Ausstellung zur Flachsverarbeitung in der Prignitz und zur Entwicklung von Fahrrad, Lampe und Bügeleisen), Am Markt 3, ☎ (0 33 979) 4 72, geöffnet: Di und Do 10–12, 16–18 Uhr, Sa 13.30–15.30 Uhr, So 10–12 Uhr

Museen in Havelberg (Kapitel 15):

Heimat-Naturmuseum »Untere Havel« (Informationen zu Natur- und Landschaftsschutz sowie Tier- und Planzenwelt des 5 800 ha großen Naturschutzgebietes »Untere Havel – Sachsen-Anhalt«), Sandauer Str. 1,
☎ (03 93 87) 2 66

Prignitz-Museum (Stadtgeschichte sowie Ausstellung zur Entwicklung der Prignitz, u. a. mit historischem Mobilar und Hausgeräten), Domplatz 1,
☎ (03 93 87) 4 22, geöffnet:
Di–Fr 9–13, 14–17 Uhr, Sa 9–12 Uhr, So 10–12, 14–16 Uhr

Radfahren

Das Havelland eignet sich durch die flache, allenfalls leicht hügelige Landschaft sehr gut für ausgedehnte Radwanderungen. Bundes- und Landesstraßen verfügen hier allerdings noch kaum über eigens angelegte Radwege, sie sollten deshalb lieber auf Feld- oder Waldwegen umfahren werden. Die zahlreichen Havelseen laden zu Rundfahrten ein, doch bieten sich im Havelgebiet auch reizvolle thematische Fahrten an, z. B. zu alten Herrensitzen, zu Dorfkirchen und zu Schlössern.

In vielen Orten kann man Fahrräder leihen. Außerdem haben sich bereits einige Gemeinden der Aktion »Fahrrad am Bahnhof« angeschlossen. Dort können jene, die per Bahn anreisen, ihren Ausflug mit dem Rad »nahtlos« fortsetzen.

Reiten

Die Pferdezucht besitzt in Brandenburg eine sehr lange Tradition. Das bekannteste und älteste Gestüt befindet sich in Neustadt/Dosse, welches bereits im Text ausführlicher beschrieben wurde. Heute werden neben Ponys, Haflingern vor allem Pferde des Edlen Deutschen Warmblutes gezüchtet. In vielen Ferienorten des Reisegebietes gibt es Reiterhöfe, die mit gut trainierten Pferden aufwarten und Reitunterricht erteilen. Wer sich jedoch nicht auf den Rücken der Pferde begeben will, sollte das vielfältige Angebot für Kutsch- und Kremserfahrten nutzen.

Zu den außergewöhnlichen Höhepunkten des Jahres gehören die »Neustädter Pferdetage« an den drei ersten Sonntagen im September und der »Havelberger Pferdemarkt« am ersten Septemberwochenende.

Übernachtungen

Die Palette der Unterkunftsangebote reicht vom Komforthotel in Potsdam bis zum soliden Privatquartier auf Bauernhöfen. Den Schwerpunkt bilden jedoch kleine gediegene Hotels, Pensionen und Gasthöfe. Besonders für Familien oder Gruppen bieten sich auch Unterkünfte ehemaliger Kinderferienlager oder Betriebsferienanlagen (meist Bungalows) an.

Wandern

Zahlreiche markierte Rund- und Zielwanderwege erschließen uns die Reize der Havellandschaft. Einige Wanderempfehlungen sind in den Reisebeschreibungen bereits enthalten. Um sich jedoch umfassend zu informieren, benötigt man aktuelle Wanderkarten. Zudem verteilen viele Femdenverkehrsverbände Informationsblätter, die Wandervorschläge unterbreiten.

Wassersport

Die Havel mit ihren zahllosen seenartigen Erweiterungen ist ein ideales Wassersportgebiet. Gelegenheiten für Kahnfahrten bieten sich an fast allen Seen, da Bootsverleihe vorhanden sind. Zum Segeln oder Surfen eignen sich besonders die großen Havelseen – zu ihnen gehören u. a. der Schwielowsee (840 ha), der Woblitzsee (ca. 700 ha), der Beetzsee (670 ha), der Plauer See (640 ha), der Breitlingsee (600 ha) und der Templiner See (600 ha). Durch die vielen Neben-, Seiten- und Altarme sowie Kanalverbindungen ist die Havel ein Eldorado für alle Freunde des Paddelsportes. Diese kommen auch in jene naturnahen »Ecken«, die den Freizeitkapitänen von Motorbooten versagt bleiben. Wasserwanderatlanten (z. B. des Tourist Verlages) enthalten genaue Hinweise, welche Havelarme bzw. -abschnitte, Schleusen und Seen für Motorboote gesperrt sind. Motorboote können geliehen bzw. gechartert werden (u. a. in Potsdam Charterboot ☎ 03 31/ 2 68 55). Zudem gibt es Möglichkeiten, Hausboote zu mieten (u. a. in Burgwall Kuhnle Tours ☎ 0 39 91/ 73 27 73).